精神分析のとまどい

ÉTATS D'ÂME DE LA PSYCHANALYSE

L'impossible au-delà d'une souveraine cruauté

Jacques Derrida

ジャック・デリダ
西宮かおり 訳

精神分析のとまどい

至高の残酷さの彼方の不可能なもの

岩波書店

ÉTATS D'ÂME DE LA PSYCHANALYSE
L'impossible au-delà d'une souveraine cruauté

by Jacques Derrida

First published 2000 by Éditions Galilée, Paris.

This Japanese edition published 2016
by Iwanami Shoten, Publishers, Tokyo
by arrangement with Éditions Galilée, Paris
through The English Agency (Japan) Ltd., Tokyo.

本講演は、精神分析三部会に際し、二〇〇〇年七月十日、パリはソルボンヌ大学の大講堂にて行われた。

本書は Jacques Derrida, *États d'âme de la psychanalyse: L'impossible au-delà d'une souveraine cruauté* (Galilée, 2000)の全訳である

目　次

装画＝斉藤友秋

はなから横道に逸れるようだが、ここだけの話、ということで。さて、ここであなたがたに向かって、けれど誰に宛てるとも知れず、わたしがこんなことを口にしたとしよう。「ええ、わたしは酷く苦しんでいるのです」、あるいはまた「誰かがあなたがたを酷く苦しめている」とか「誰かがあなたがたを酷く苦しませている」とか、それとも「あなたがたは彼女を酷く苦しめている」とか「あなたがたは彼を酷く苦しませている」とか、はたまた「わたしは自分を酷く苦しめている」とか「わたしは自分を酷く苦しませている」とか。さて、こうした文法や意味にまつわる変奏、「苦しめる」「苦しませておく」「…させておく」等々の差異、人称の交換――これについてはまだほかにも、単数／複数、男性／女性、「ひとびと」「われわれ」「あなた（がた）」「彼（ら）」「彼女（ら）」と種々あるだろう――、己に立ち返る形式[†1]への移行（「わたしはわたしを酷く苦しめている〔＝わたしは酷く苦しめられている〕」とか「わたしはわたしを酷く苦しませている〔=わたしは酷く苦しめられるがままになっている〕」とか、「きみはきみを酷く苦しめている」とか「きみはきみを酷く苦しませている」とか)、その他その他、いかなる変更が加えられようと、指一本触れられぬ副詞がひとつ、ある苦しみを、すなわち残酷さ〔cruauté〕というものを、ひと突きに形容する不変要素がひとつ、そこには残る。そう、「酷く〔cruellement〕」というあの副詞が。

これらのフレーズを通じて、誰に宛てられようと、いささかも動じず、「酷く」は変わらずに在る。あたかもこの語の意味をわれわれが理解しているかのように。この「あたかも…かのように」を頼みに、われわれは、「残酷な〔cruel〕」という語が言わんとするところについてあたかもわれわれが理解を一にしているかのように振る舞っている。残酷さという語を、ラテン語におけるその祖に帰そうと、必然と言うほかない流血の歴史(*cruor, crudus, crudelitas*)[†2]、血に塗れた罪の歴史、幾筋かの血脈の歴史に帰そうと、それとも、他の言語の、他の意味論の系譜(例えばフロイトの語彙であ

る *Grausamkeit*〔［独］残酷、冷酷〕のそれ）に組み込み、こんどは迸る血とは無縁なところで、ある欲望を名指すものとして、苦しむために苦しめたい、苦しめられたい、悪のための悪から精神的快楽を得んがために、ひいては根源的な悪そのものを享受せんがために、苛みたい、殺したい、ひとを苛み、あるいは殺すことで、自らを殺したい、あるいは苛みたい…といった欲望を名指すものとして扱おうと、いずれにしたところで、残酷さというものはこれこれこういうものだと確定なり画定なりすることは、容易ではないだろう。例えばニーチェは、生の本質に潜む狡猾さをそこにみてとる。残酷さには、限り〔terme〕もなければ対置しうる項〔terme〕もない、つまり、終わりもなければ逆もないのだ、と。ところがフロイトは、いつもながら、あんなにもニーチェ寄りだというのに、残酷さには、限りはないかもしれないが対置しうる項はないこともない、つまり、終わりはないようだが逆はないこともないだろう、とみる――これは、われわれの問いのひとつとなるだろう。血に染まった残酷さ（*cruor, crudus, crudelitas*）を涸らすことはできるし、白兵やギロチンでの殺人に終止符を打ち、血みどろの戦いという古典的な、それとも現代的な舞台に幕を引くこともできるだろう。だが、ニーチェやフロイトの曰く、精神の残酷さ[†3]がたえず新たな手を編み出してはその穴を埋めていってしまうのだ。精神の残酷さとは、なるほど、プシュケー〔霊魂〕の残酷さであり、魂のありようのひとつであり、ゆえに、生ける者の残酷さであるのだが、しかし、血を流すことはない残酷さなのだ。

　そのような残酷さがあるとして、それも、まさに精神のそれとしか言いようのないものがあるとして、それは、精神分析に打ってつけの地平のひとつと言えるのだろうか。この地平は、精神分析のために取り置かれさえするのだろうか、まるで精神分析のみが扱うべく与えられたものの底なしの深みでもあるかのように、それとも、精神分析がかつてそこで形を成した究極の底ででもあるかのように。精神の残酷さについての、つまり血の気のない、あるいは血に塗れるとはかぎらない残酷さについてのこんな考察、魂の奥底に潜む悪に喚起される、身を裂くような快楽についてのこんな考察に託《かこつ》けて、とあるユダヤの小咄を持ち出したりはすまい。そう、この治療分野を選んだのは、血を見るのに耐えられなかったからだ、と言って退けた精神分析医の話など。いまや何憚ることもなく、精神分析の潜在的な普遍性とユダヤ性やユダヤ主義の歴史との結びつきについて議論を再開しようというのであれ、そんなことはよもやすまい。ただ、こう問うてみよう、精神分析と呼ばれるものは、われわれに道を拓いてくれるのか、と。「残酷さ」という遠くて近いこの言葉は、何を意味するのか。最悪の残酷さ、苦しむために苦しむこと、苦しめること、さらには、苦しみという快楽のために自らを苦しめたり、苦しませておいたりすること、それらが何を意味しうるのか、その答えを知るところまでゆかず、考えるところまでもゆかぬとしても、せめて問うところまではわれわれを導いてくれるであろう、たったひとすじの道を。それを知り、考え、論じるための手がかりをわれわれに与えてくれるのが、精神分析だけではないとしても——わたしなどはつい、そうなのではと思ってしまうのだが——、精神分析がなかったら、もはやそんなことをしようなどと考えることさえなくなるだろう。仮説に仮説を重ねてみよう。仮に、何ものにも還元できない何ものかが、生物の生に、魂に、プシュケーにあるとして（というのは、人間と呼ばれるこの生物に限定してこの話をするつもりがないからで、それゆえ動物性一般についての広大無辺にして恐るべき問い——わたしの眼には開かれたものと映じる問い——はひとまず棚に上げ、また精神分析はどこを切っても人類学のひとつであると言えるかどうかも棚に上げておくこととしよう）、また仮に、生きものの生に潜むこの何ものにも還元できないものが、他ならぬ、残酷さの可能性であるとして（あるいは、悪のために悪へ向かう欲動と言ってもかまわない。苦しみへ、気散じにひとを自分を苦しめては思い悩むことを戯れに楽しむ苦しみへと向かう欲動と）、精神分析を措いてほか、いかなる言説も——神学、形而上学、発生論、物理主義、認知主義、その他、いかなる言説も——この仮説を受け容れはしないだろう。どれもこれも、この仮説を何ものかに還元し、排除し、その意味を剝ぎとるようにできているのだ。今日、精神の残酷さというものを自分自身の問題として引き受けることのできる言説があるとすれば、たったひとつ、一世紀ばかり前から精神分析と呼ばれているものを措いてほかにはあるまい。

対立項を持たない、あるいは端的に限りのないこの残酷さを考えるうえで、精神分析はおそらく、これを語りうる唯一の言語ではないだろうし、それを扱いうる唯一の治療ですらないだろう。とはいえ「精神分析」とは、神学その他のアリバイをもたずに、精神の残酷さに固有なものへと眼を向けるものの名ではあるだろう。又候《またぞろ》、ここだけの話をご容赦いただくなら、わたしにとって精神分析とは、「アリバイなし」の別名なのだ。ある「アリバイなし」の告白。そんなものがありうるとすれば、の話だが。ともかく精神分析とは、それなくしては、精神の残酷さのような、ゆえに精神の特異性のような何ものかを、またこの残酷さが自己と取り結ぶ唯一の関係のような何ものかを、いかなる知にも、いかなる理論にも実践にも、いかなる療法にも先立つ、そんな何ものかを、われわれが真摯に見据えることができなくなってしまうようなものなのだ。苦しむために苦しむことについての、悪のために悪を為すこと、為させておくことについての問いが、つまり、根源的な悪についての、あるいは根源的な悪よりなお悪い悪についての問いが、もはや宗教や形而上学には委ねられぬようなところでは、他のいかなる知も、残酷さになぞ眼もくれぬだろう――ただ、精神分析とかいう奴は別として。その名は、いまや悪を連想させるまでになったが、今度はこれまでになく読み解きがたいものとなってゆくだろう。それも、冒頭に並べ立てたような構文や、活用、再帰、人称――つまり、自分自身を、別な存在としての他者を、他者たちを、他者それ自体を、己がうちに潜む他者を、わたし、きみ、彼、彼女、あなたがた、わたしたち、彼ら、彼女ら、その他その他を、苦しめ、苦しませ、また自らに矛先を転じて苦しめられ、苦しめられるがままになっては、その快楽に打ち震えるということ――について説明しうるものが、精神分析を措いてほかになく、しかもその企てからしてそうであったとすれば、その読み解きがたさも一入《ひとしお》だろう。この残酷さについては例を挙げずに済ますが、どうかご勘弁いただきたい。われわれの生きるこの時代は、いつの世より斬新にして創意に富み、かつ、耐えがたく許しがたいその例にあふれているのだが。

脱線したままこんなふうにつらつら考えてはきたが、ある究極の問いの決め手については、いましばらく宙吊りにしておくこととしよう。

さて、その問いとは。死へ向かう欲動（*Todestrieb*）は、つまり、フロイトがきまってこれと結びつけるところの、破壊や殲滅へ向かう残酷な欲動は存在するのか、というものではなかろう。然りとて、権力や至高の支配へ向かう欲動（*Bemächtigungs-trieb*）に内在する残酷さが、さまざまな原理の――例えば快原理や現実原理の[†4]――彼方や此方に存在するのか、というものでもあるまい。わたしの問いはむしろ、またいずれ、こんなものとなるだろう。思考には、来たるべき精神分析的思考には、別な彼方が存在するのだろうか、いわば、これら可能なものたちの彼方にあり続ける彼方が。つまり、快原理や現実原理でもあれば、死や至高の支配へ向かう欲動でもあり、残酷さが到来の兆しを告げるところどこへでも立ち現れてはその力を揮う、そんな可能なものたちの彼方にあり続ける彼方が。別な言い方を、まるで別な言い方をしてみるなら、こんなふうになるだろうか。この一見すると不可能そうな、それも別な意味で不可能そうなものを、思考することはできるのか、死や至高の支配へと向かう欲動の彼方を、残酷さの彼方、欲動とも原理とも無縁の或る彼方を、思考することはできるのか。ゆえに、その他すべてのフロイトの言説とも無縁の、その経済論とも、局所論とも、メタ心理学とも、そして何より、欲動にまつわる「神話学」とフロイトが呼ぶものとも無縁の彼方を、思考することなどできるのだろうか。ところで彼は、欲動の「神話学」について語りつつ、例えばアインシュタインの理論物理学のように堅く実証的な科学的知にも、実は「神話学的」なところがあるのではないか、と言ってのける。さて、この彼方の彼方について、決定可能な答えはありうるのか。わたしが今日、精神分析のとまどい、と呼ぶことになるもの、結局のところ此奴が、決定不可能なものの体験を垣間見せてくれることとなりそうだ。そう、決定不可能なものの神明裁判[†5]を。

快原理の彼方の彼方、死への欲動の彼方、至高の権力への欲動の彼方、別な意味で不可能なもの、別な不可能なもの、これらの名を挙げることを以て、精神分析三部会へのご挨拶に代えさせていただきたい。

精神分析三部会なるものに然るべき挨拶をせんと望む者は、どんな挨拶を考えているのだろう。そもそも、精神分析に対する挨拶などあるのだろうか。

精神分析三部会なるものに、なにゆえ謝意を表するのだろう。それに、この会を導き、ここまで育ててくれた分析家の諸君には、何とお礼申し上げたらよいのだろう。

挨拶については後ほどまたゆっくり考えてみるとして、始める前に——いつかそのうち、始めるとして——、諸々考えあわせるに、また先ほど宙吊りにした不可能なものの問題も見据えるに、二つの普通名詞に焦点を絞った方がよさそうだ。それらは救けを求めて、あるいはたんに気を引くために、扉を叩いていたのだが、われわれはそれに応答《レポンドル》こそしたものの、その責任《レポンドル》を負うことまではできずにいる。扉の向こうにいたのは誰か。そう、残酷さと主権である。

ご厚志によりお分けいただいたこの時間をむだにせぬよう、特権的に扱ってゆきたいのが、抵抗するものの二つの形、わたしには主要なものと思われる二つの形である。いまなお、そしてこれからもずっと、残酷さは抵抗し、主権は抵抗する。いずれもが、同じように、おそらくは、精神分析に対して抵抗しているのだが、精神分析もまた同じようにそれらに抵抗しているのだ、そう、この語の二つの意味[†6]のどちらというでなし、まさにそのいずれもの意味で、つまりは、逆らいながらも耐え、耐えながらも逆らっているのである。主権、そして残酷さ、このきわめて杳《よう》たる二つのものは、別な仕方で抵抗しているのだが、それでもやはり、同じように、精神分析「というもの」の外でも内でも抵抗しているのである。ひとつの定冠詞に限定されたものの、すなわち精神分析「というもの」の内と外とのあいだで、その界《さかい》は、いかなる荷をも負ってゆくこととなるだろう。それもとりわけ、歴史や倫理、法律、政治にまつわる荷を――ということはつまり、われわれの問いの射程そのものを。

残酷さ、主権、抵抗――いずれもごくあたりまえに使われている語だが、フロイトにおいて、精神分析一般において、これらが言わんとするところを知っているなどと言うつもりは毛頭ないし、また、一般に知られているとも思えない。とどのつまり、曖昧なところ抜きに、残酷さ、主権、抵抗とは、何を意味しているのか。何を意味させられているのか。何より、精神分析というもの〔*la* psychanalyse〕と定冠詞つきで呼ばれている物が、自らに先立つこの問いに意味を与えうるとは、さらにはその意味を変えさえしうるとは、いったいどういう訳なのか。と、こんな悩みを、わたしはみなさんと共にしたいのだ、それも、感謝のしるしとして。

あなたがたにご検討いただきたい作業仮説がいくつかあるのだが、それらを然るべく彫琢するには時間も手立ても足りそうにない。そんなわけで、ご理解いただけるだろうか、為《し》つけぬことだし、始めもせぬうちからどうかと思うが、初手からいきなり、持って回ったこともせず、癖も出さず、下手な小細工も弄さずに、どこか亡霊めいたそのシルエットを描き出してみたいのだ。いつかどこかで論じた抵抗の概念を持ち出して、お茶をにごすようなことはすまい。そのときには、フロイトの挙げるその種々雑多な用法を形式化し、それを用いて、いま行われている二つの抵抗を分析してみようとしたのだが。この二つの抵抗というのがすなわち、世界で起きている、いわゆる精神分析に対する抵抗と、とある精神分析の内部で起きている、世界に対する抵抗なのだが、この「とある精神分析」という奴が、自らに対しても抵抗しており、また、自らに抵抗しようとして、言ってみれば、自己免疫の働きさながら自らを抑制しようとして、自らのうちに閉じこもってしまうのだ。さらなる一歩を踏み出すには、疑いを懐かねばなるまい、今日、いまこの場において、抵抗という語と概念とは、なおも適切と言えるのだろうか、と。それらは、梃子となるのだろうか。精神分析について、精神分析をめぐって、精神分析に抗して、世界のそこかしこで起こっているどうにもならないこと、うまくゆかないことを考えるうえで、また、精神分析のうちで、言ってみれば精神分析と精神分析とのあいだで起こっている、世界的に見てどうにもならないこと、うまくゆかないことを考えるうえで、何より戦略的で経済的な梃子となってくれるのだろうか。何がどうにもならないのか。何がうまくゆかないのか。何が苦しみ、託つのか。誰が何に苦しんでいるのか。精神分析の陳情とは、いかなるものか。そこでひらかれる喪の手帖とは。そこに署名すべきは誰なのか。きびきび歩まぬものは何か、精神分析の言説、その実践、仮定ないし仮想されたその共同体、制度への組み込み、最近まで市民社会とか国家とか呼ばれていたものとの関係、それら全体の足並みを揃えようとする歩みのなかで、精神分析の社会学——それも、国によってまちまちな——の混乱のなかで、患者と臨床医の像を揺るがす変化のなかで、要求や場面の転換、それから、つい昨日まで「分析のシチュエーション」——そういえば何十年も前に、不安定で歴史的にも不自然だとこれについて話したような気もするのだが——と呼ばれていたものの転換のなかで、きびきび歩まぬものとは何なのか。

「どうにもならない」と言うひとは、何をしているのだろう、それもとりわけ、「うまくゆかない」とか「厄介だ」とか言うひとは。[†7] 苦しみを、残酷このうえない苦しみを、我がこととして負うひとびとの傍で、それも、ことによると彼らについて、「厄介だ〔＝それ（エス）が苦しんでいる〕」などと言うひとは。「うまくゆかない」と言うひとは、そこですでに、修復や治療、再建への配慮を、さもなくば贖罪への配慮を周囲に知らしめているのだ。救わねばならない、揺るぎないものとせねばならない、救済〔＝挨拶〕を。精神分析に恙《つつが》なきことを。精神分析が生き、また生き存えんことを。健康や衛生、免疫についてのこうした気遣いは、と同時に、戦いの身振りを取るだろう。闘士というものは、まさに抵抗《レジスタンス》を蹴散らすことで、何ごとかを癒そう、救おうとするものなのだ。こうした救出の狙い、健康と救済〔salut〕の企て、公共の安全〔salut public〕への願いが、いくぶんか、それもひそかに、あなたがたの三部会にもありはしないだろうか、人知れず、仮想的に、「影の」公安委員会〔Comité de salut public〕[†8]とでもいうべきものを孕んでしまった、あなたがたの三部会にも。わたしには、ないと言い切ることはできない。それだからわたしは、この点において、あなたがたと完全に立場を同じくしているとは言い切れずにいるのだ。あなたがたと懸念を共にすることでそう言えるのを、誇りに思う部分もないではないが。

フロイトにおける抵抗（*Widerstand*）というこの複雑な概念が均質な構造をもつのかどうか、わたしはかねて疑問を呈していたが、今日はその方法を違えてみよう。世界は、世界の世界化[†9]の過程、いま行われているそれは、その結果――政治、社会、経済、法律、科学技術、その他さまざまな分野での結果――を総動員して、おそらく今日、精神分析に抵抗しているのだろう。その形式はこれまでにないもので、あなたがたもこれについては問うておられるところだろう。その抵抗の仕方は一様でなく、分析は容易でない。そこで精神分析が立ち向かうべき面々はというと、実証科学のモデルを陣頭に、実証主義、認知主義、物理主義、精神薬理学、発達論といった諸科学のモデルが続き、そこへ伝統墨守の解釈学――精神主義的であったり宗教的であったり、ときにひたすら哲学的であったり――が横槍を入れてくるかと思えば、その先には倫理、法律、政治にまつわる古式ゆかしい制度、概念、実践が立ちはだかっている、という具合だ。ちなみにこれはいまだに或る論理に、すなわち主権をめぐる存在論的‐神学的形而上学に支配されているように思われる（ここでいう主権とはつまり、主体――個人であると国家であるとを問わず――の自律と全能、自由、自我論的意志、意識的志向性、あるいは、自我、自我理想、超自我、等々のことである）。この主権について精神分析がまず初めに何を為しうるかといえば、これを解き明かし、その系譜の、残酷な殺人をも経ているその系譜の脱構築を図りつつ、それが避けては通れぬものであることを説明することだろう。自然現象や神経細胞、遺伝子などを扱う科学についてで言えば、フロイトこそ、これらに反撥を示さなかった最初の人物、いや、それどころか、これらに多くを期待した最初の人物であった——といってもそれは、期待することが、然るべく待つということができ、かつ、諸々の引き継ぎや引き延ばし、そして差延†10の先送りとでも言うべきものを尊重しつつ、諸々の審級や構造、法則を、取り違えたり、性急に均したり、圧し潰したりすることなく、連関させることができるとして、の話だが。実際は、世界においても分析界においても、こうした実証主義のモデルや唯心論のモデル、そして倫理や法、政治にまつわる形而上学的公理の数々を、精神分析革命はまだ掠《かす》りさえしておらず、況や「脱構築」をや、といったありさまなのだ。それらはこれからもずっと、精神分析革命に抵抗してゆくだろう。まったくのところ、そういうふうに出来ているのだ。根底から湧き起こる「抵抗」とこれを呼んでもかまわない。この抵抗と対峙しつつ、おそらく、精神分析は、一共同体として社会的地位を確立し、一言説として着々と権威を高め、一制度として注目を浴びるようにもなってきた精神分析は、この世界化がとどめる旧態依然たるものに、二重の意味で抵抗している。したくてしている訳でもなかろうが、どうにかしようという気色もなければ、分析する風でもない。ときにこの抵抗は、自己への抵抗でもある。不快や苦痛のようなものが、自己免疫機能とでも言うべきものが、精神分析にもまた存在するのだ。自己の拒絶、自己への抵抗、己が君主の位への、己が自己防御の原理への抵抗が。思うに精神分析は、倫理的なもの、法律的なもの、政治的なものの公理を考え、捉え、変えることができていないばかりか、そういうことを目論んだことすらまだないのだろう。況して、主権をめぐる神学上の幻想が揺さぶられる地震の現場、深刻な心的外傷を残す地政学上の出来事が、もっと漠然とした言い方をするなら、この時代でもっとも残酷な地政学上の出来事が起きているその現場では、なおさらだろう。この人間の地の震えをきっかけに、新たな舞台が生み出されることとなる。それを構成してきたのが、第二次大戦以降に登場する、法律上の画期的な行為遂行的《パフォーマティヴ》[†11]言辞の数々である（またフロイトの語る「神話学」のすべて、とりわけ諸欲動にまつわる精神分析的神話学は、合意のもとの虚構に、すなわち行為遂行的行為《パフォーマティヴ・アクト》に許された権能に結びついている)。それは例えば、新たな人権宣言——そこには男性のみならず女性の権利も謳われている[†12]——、ジェノサイドの糾弾、人道に対する罪の概念(フランスではこの罪には時効が適用されない)、新たな国際刑事裁判機関[†13]の創設であり、また言うまでもなく、世に言う「残酷な」罰の大いなる遺物に対する反対闘争の活発化もそのひとつだ。この罰は、国家の主権が市民の生き死にを握っていることを示す恰好のエンブレムとして、いまも戦争と肩を並べている。そう、中国やアメリカ合衆国、そしてアラブ-イスラーム諸国の多くで大規模に行われている死刑のことだ[†14]。そこでまさに、残酷さの概念が、漠然として謎めいたこの概念、精神分析の内と外とを問わず蒙昧主義の温床となっているこの概念が、分析せよ、と詰め寄ってくるわけだが、これについては、またあらためて。こんなにも多くの事について、わたしの思い違いでなければ、精神分析は、世に認められたその言説、権威さえ帯びたその言説においてはもちろんのこと、その所産のほとんどすべてにおいて、これまでほとんど何も語らずに来たし、精神分析にしか語りえぬことをほとんど何も持たずに来たのだ。他でもない精神分析にこそ、他の追随を許さぬ独特な答えが、いや実のところ、他には為しえぬ適切な答えが期待されているというのに。それも、もう一度言わせていただくなら、アリバイなしの答えが。これらすべてが、ある変化をもたらすことになる。敢えてこれを、革命的変化と呼んでおこう。それもとりわけ、主体と市民主体とに関する変化、すなわち、民主主義と、市民権ないし非市民権、すなわち国家と、国家の彼方との関係の変化である。もしもこの変化を考慮に入れぬなら、もしもこれに拘《かかず》らおうとせぬなら、もしもそのペースにあわせて自らを変化させてゆかぬなら、精神分析はこの先——というか、もうかなりそうなってしまっている気もするが——、進むべき道から外れて、遅れをとり、路傍に打ち捨てられ、成り行き任せ、いつ何どき身包み剝がれるか、拐かされるかわからない、そんな危険に身を晒すこととなるだろう。それとも、ヨーロッパの中心に据えられたその揺り籠に揺られ、言葉も持たず、己の誕生した時代の条件に根を下ろしたまま時を過ごすこととなるのだろうか。と、いうのが、フランスで起きた然る革命の、ある曖昧なその後なのだが、わたしに言わせれば、精神分析はその出来事についていまだ思考したことがないのである。それもとりわけ、件のフランス革命とその後裔において、主権と残酷さという二つの模糊たる概念に関わりをもったであろうものに関して。よもや精神分析ばかりがあの革命とその後の成り行きについて考えてこなかった訳でもあるまい、とんでもない話だ、こうして新たな三部会まで開催しているというのに、などと呟いてみたところで、気安めにもなりはしない。とりわけ、このわたしのように、精神分析は、この世に生を享けてこのかた自ら告げ知らせてきた通り、この主題に関して言うべき、またのみならず為すべき、不可欠にして本質的な何ごとかを抱えている筈だ、と信じている者たちにとっては。そう、アリバイなしに。この主題に関して——それもとりわけ、主権とか残酷さとか呼ばれるものに関して——言うべき、また為すべきことで、決定的なものがあるとすれば、それは、とある精神分析革命の、あるいは複数に及ぶそれらの、衝撃波を記録することだろう。だがそこで、世界の世界化が、聞くところによるといままさに進行中であるらしいそれが、もしも倫理や法や政治に関する自らの公理に触れさせぬことで多元的に精神分析に抵抗しているのだとすれば、それとも逆に精神分析の方が、多元的かつ自己免疫的に抵抗し、それゆえそうした公理を思考し、変革することができずにいるのだとすれば、この抵抗という概念は、わたしもかつて説き明かそうと試みたほど重層的で複雑でありながら、主権や残酷さの概念に劣らず問題含みなものなのではなかろうか。その謎めいた多元性（数えてみたところ、フロイトによると、「抵抗」には五プラスマイナス一個の概念ないし場があるようだ）においても、この抵抗という概念は、国境線や前線、戦域といったもの――こうしたモデルは今日もはや時代遅れかもしれないが――をいまだその内に含んではいないだろうか。戦争というものがいまなお存在し、この先もずっと存在し続けるとしても、ともかく、戦争を欲する残酷さが、争わん、苛まんとし、ときに大掛かりに、ときに人知れず巧妙に、ひとびとの生命を奪わんとする攻撃性が、いまなお存在し、この先もずっと存在し続けるとしても、戦争というものの形象が、それもとりわけ、喧嘩と内戦と国家間戦争との違いが、その厳密さを保証された数々の概念にこれからも合致し続けるかどうかは、わからない。戦争についての新たな言説が、必要とされている。今日われわれは、新たな「戦争と死に関する時評」(フロイト、一九一五年。原題 *Zeitgemässes über Krieg und Tod*)を、新たな「なぜ戦争を」(同、一九三二年。*Warum Krieg?*)を待ち望んでいる。あるいは少なくとも、この種のテキストの新たな読みを。それゆえ、戦線という概念や、前線、分断不能な塹壕、国境地帯の堡塁、前線と不可分な主要戦線、といった形象の数々が、何か抵抗のようなもの——内的なそれであれ外的なそれであれ——のモデルとなりうるかどうかもわからない。主権や残酷さの概念と同じく、抵抗の概念もまた、次なる革命を、そう、自らの革命を、待ち望んでいるのだろう。いまから二世紀を溯る件のフランス革命とその後を追った数々の政治革命の後を追い、また、ちょうど一世紀を溯る件の精神分析革命とその後を追ったのかもしれぬ数々の革命の後を追う革命を。革命とは、ひとつならぬ革命の可能性をつねに擁しているものなのだ。技術革命や科学技術革命と呼ばれるようなもの(マイクロエレクトロニクスにかかわるものであれ、遠隔仮想化《テレーバーチャライゼーション》技術やら遺伝学やらにかかわるものであれ)が、他の革命に手を出さぬわけがない。例えば、遠隔技術による仮想世界、可能な、もの、の遠隔技術革命、そうしたものの広がりがあるわけだが、精神分析はその主軸において、それを厳密に考慮に入れることができずにきたし、おそらくは、いまなおできずにいるのだろう。これもまた、抵抗のひとつの形だろうか。それはしかも、さまざまな局面で欠くべからざる役割を果たすだろう。例えば、この三部会の招集原則、その実施、準備、連絡方法、その空間、間隔、世界空間の時間化、その水平的組織網の構築、等々において、ということはつまり、制約こそあれ、ウェブ上で展開されているその潜在的脱階層化においても。つまるところ、革命を、革命後を象徴しているものとは何なのか、また今日、精神分析にとって、世界大戦とは、戦後とは何なのか。これらはいずれも、同じ問いの別な形なのかもしれない。

当初わたしは、一七八九年の三部会と精神分析三部会との比較分析を突き詰めてみたいと思っていたが、時間的な制約から、この誘惑に抵抗せざるをえなかった。〈呼びかけ〉はどこからくるのか。誰が誰を招集するのか。ここで想定されている、あるいは隠蔽されている階層秩序とはいかなるものか。誰が権力を握っているのか、もしくは握ろうとしているのか。それを手放しうるのは、誰なのか。「資格審査」と呼ばれていたもの、その争点が革命の口火を切ったわけだが、これはどのように行われるのか。いや、類推もほどほどにすべきだろう、度を越せば、歴史の闇を彷徨うことにもなりかねない。とはいえ今日、精神分析界を国家《ネーション》として、また国際組織《インターナショナル》として見た場合、そこでは、またここでは、誰が第三身分にあたるのか（おそらくは過半を占めるさまざまなひとびとであろうが）――といっても、彼らに入場料を払う余裕があったとして、の話だが――、聖職者は誰なのか、司祭にして解釈者たる精神分析家の大半が貴族と――反体制派や革命前の臣民、さらには新しいアメリカ合衆国のために一肌脱ごうと気焔を揚げるラファイエット紛いの輩たちまで、その陣営に数える貴族階級と――手を携えて票を投じんとしているのを横目に第三身分と手を結んでいるその分派も含めて、聖職者階級にあたるのは誰なのか、そんな想像をめぐらせてみることは、あながち無意味でもあるまい。この先の問いについては、みなさんにお答えいただこう。ここでは誰が、貴族を代表しているのか。聖職者は。下級聖職者は。また革命を前に第三身分と手を結んだ聖職者や貴族の分派は。ここでは誰が、世界の精神分析の第三身分を代表しているのか、いや、実を言えば、どう転んでもヨーロッパのものでしかない精神分析の第三身分を。その力の及ぶ、あるいは及びうる版図は扨措《さてお》き、その文化は、それもとりわけ、宗教、法律、政治にかかわるその文化は、あくまでヨーロッパに深く根を下ろしている、そんなとある精神分析の第三身分を。

　こうした問いが顧みられなくなるとすれば、それはなぜか。わたしとて、あの誘惑に抗いさえしなければ、三部会に先立つ陳情書[†15]という契機を事細かに論じていただろう。そもそも単一のものであるこのモチーフを、二つに、そう、死と技術との二つに断ち割るふりをしていただろう。

　精神分析が死んでいないとしても、それは死すべきものであり、誰ひとりそれを疑う者はなく、精神分析自らそのことを弁えている、ヴァレリーの語る文明のように。

何はともあれ、精神分析は喪に服しているようだ、相手が自分なのかどうかもわからぬままに。陳情とは、いかなるものか。別な言い方をしてみるなら、一世紀という長きを経て精神分析が託つことを学んだ、痛みや嘆き、苦しみや悔やみとは、いかなるものか。今日の精神分析の託ち種とは、いかなるものか。何をあなたがたは託っているのか。あるいは、誰のことを。誰に対して。世界中の精神分析家たちは、何を葬ることを受け容れ、あるいは拒んでいるのか。何についての喪の作業を、悲嘆〔*grief*〔英〕〕を、また苦情〔*grievance*〔英〕〕、不満〔grief〔仏〕〕、主張、抗議、要求までもを、我がことこととして認めることを受け容れ、あるいは拒んでいるのか。齢一世紀を迎える若齢の、それとも老境の精神分析において、或る約束が果たされぬまま苦しみ悶えているとして、その身の内に死の匂いを、死の脅威の匂いを漂わせているものとは、何なのか。いままさに行われつつある王殺しか。迫りくる王殺し、来たるべき王殺しか。それにもし、約束というものが脅威であったとしたら、どうだろう。そんな両義性、発話行為《スピーチ・アクト》の理論には許容しがたいものであろうが。こんな問いも浮かぶだろう、ここでの〈父〉とは、また〈王〉とは誰なのか、と。何の気なしに手を突っ込んでみたはいいが、そこには前提となる問いが群れ飛び交い、抜き差しならぬそのありさまに、はたと気づいたときにはもう、後の祭り、無数の雀蜂があなたをそっとしてはおかぬだろう。もはや、誰が誰に託っているのかさえわからない。あるのはただ、アリバイばかり。政治史上の三部会では、一七八九年まで、憲法に定められた権力が陳情の受取人として法的に認められていた。ところが、あなたがたのこの集まりでは、その権力が見つかっておらず、受取人の身許すらわかっていない。しかもその身許確認のプロトコル〈前提の前提〉がそもそも精神分析的でなくてはならぬのかどうかさえ、誰にもわかっていないのだ。仮に精神分析的であったとして、それはいかなる精神分析的家系の、あるいはこう申し上げた方がよろしいだろうか、いかなる「学派」の威を借ることを許されているのだろう。陳情は、精神分析の内部と思われているものにかかわるものかもしれない。例えば、精神分析家の全国的ないし国際的共同体の不存在もしくは機能不全、精神分析と呼ばれるものの制度化につきまとう問題含みな性格、その知や教育の現場の、またその理論的言説の――それらの公理、修辞、言語、陳述や承認の方法における――誰の眼にも明らかな分散、実践のルールや教育訓練のプロトコルに関するコンセンサスの根本的欠如、等々。倫理的、法律的、政治的言説の根本的欠如、とにかく、この件に関する合憲的コンセンサスの根本的欠如、等々。数え上げればきりがない。以上はあくまでご参考まで、例を挙げたにすぎないが、このうちひとつふたつについては、後ほどまた取り上げることとなるだろう。陳情はまた、精神分析の外部と思われているものにかかわるものかもしれない。例えば、社会もしくは国家との関係、いわゆる古典的医師集団との関係、国家当局による不承認や威嚇的領得、精神分析の需要の、また分析家の社会学の顕著な落ち込みないしは理解しがたい変容、精神分析的なものの特異性について、その正当性を否み、ひいてはその信用を貶め、世論におけるその評価を歪めさえしかねない、薬理精神医学の言説との競合、覇権を握るや、精神分析文化に好意的とは言えぬ状況を生み出す、政治イデオロギーの伸張。そして、青息吐息の精神分析の無能さ。その根幹を成す文化――ヨーロッパ文化、ギリシア‐

アブラハム文化、ブルジョワ－リベラル文化、等々――が枷となり、現下の世界化のプロセスすべてを向こうに回すことのできぬ、その無能さ。これら二つのケース、すなわち、精神分析の内部と思われているものにかかわる陳情と、その外部と思われているものにかかわる陳情において、外務と内務とにかかわらず、まず、一、外部と内部とのあいだ、精神分析に固有なものと固有でないものとのあいだに、境界は存在するのか、またそれは、いかなる価値をもつのか、そして、二、誰が誰に陳情を宛てているのか、という二つの点が問われねばならない。あなたがたの三部会において目も眩まんばかりに独創的なのは、自ら提出する陳情書の受取人を独自に任ずること、その最初〔＝第一〕の、もしくは最後〔＝究極〕の受取人については自らそれを任ずることを、その根本的な任務としているところだ、それも、ほとんど自己分析のように。あなたがたの三部会は、些《いささ》か気狂いじみたところのある陳情の宛て先と受取人とを考え出さねばならない。何が「気狂い」じみていると言って、まだテロス[†16]も目標も持たぬうちから固有の宛て先を生み出さねばならぬような、そんな運動の軌道であろう。この問題を精神分析の言葉で言い表してみるなら… まあ、ここでそんなことをしてみたところで、だから何だ、という話だろうが、「ここでいままさに行われている転移と逆転移の運動は、まだ起きていないのだ」といったところか。それは、自らの場と患者とを探しているのだ。この大講堂は、すでに分析の場でありながら、いまだ分析の場ではない。死の脅威が、わたしが先ほど話題にした死の脅威、ひとびとがあらかじめその喪に服し、その陳情書を携えているような死の脅威が、おそらくいままさに、この場所へ雪崩れこもうとしているのだろう。転移の宛て先として空けられていたこの場所へと。これはチャンスかもしれない、この脅威は、思考し始める契機なのだ、と、〈余所者《よそもの》〉なら言うだろう。つまり、あなたがたに語りかけながらも、所詮、分析の共同体の内部と思われているものに属すことはない者ならば。死と技術、とわたしは言った。この二つに、結びつきはあるのだろうか。また、死を考えるには、まず技術から考えねばならぬのだろうか。時間さえあったなら、つい先日もしたように、死の問題を技術の問題に、それも、派生的でも副次的でもない技術の問題に結びつけていたことだろう。この三部会のような前代未聞の遠隔技術装置なら、そんな技術の一例として、きっと重宝したろうに。それも、マジック・メモ[†17]よりさらに過去へと溯る、ある歴史の流れのなかに位置づけられて。だがこの道もあきらめよう、時間がない。

　誰が誰に三部会への参加を呼びかけているのか、また実のところ、誰が三部会を招集しているのか、形式や規約に塗り固められたその見せかけを打ち抜いて、そこを突き止めることは容易でない。いまお話ししているのは三部会全般のことであって、この三部会に辿り着くまでまだまだかかりそうだが、この三部会については、せっかくのこの機会、あなたがたにもお付き合いいただいて、こう問うてみたいのだ。この伝統の流れのなかに身をおいて、しかもそれを後ろ楯としながら、にもかかわらずいまさら幕を上げるとは、いったいどういうつもりなのか、と。この呼びかけを発する力をお持ちらしい諸兄諸姉、彼らが気づいておられぬ筈はない、自分がすでに応えており、すでにある呼びかけを聴き取っていることに。そう、その出所と意味とを、その何と誰とを決める役割が、まさに三部会自らに課されるような、ある呼びかけを。というのも、精神分析と呼ばれているもの、精神分析と成るべく呼ばれているものが、われわれに教えてくれたことが何かひとつでもあるとすれば、それは、振り翳された自発性を——自律だ、自由だと思われているものを——疑ってかかることなのだから。いま以て始めることも出来ずにいながら、いま一歩あらたに踏み出してみよう。残酷さ、主権、抵抗、といった語彙を交叉させるために赴いてみたい場のいくつかを、いまだ弱く不完全なひとすじの光で照らすべく、アインシュタインとフロイトとのあいだに交わされた言葉をいくつか、読み上げてみよう（出典はその名も、「なぜ戦争を」〔*Warum Krieg?*〕[†18]、フロイトに却下された当初の表題は「権利と暴力」〔*Recht und Gewalt*〕——〔フランス語で言うなら〕権利と暴力、権利と権限、権利と法の力——であった）。このやりとりが為されたのは、みなさんご存じのように、一九三一年から三二年にかけて——これはありふれた日付ではない——、国際連盟の文学と芸術のための常任委員会が、当時世論を沸かせていた主題について、ふたりに往復書簡の発表を依頼したのだ。国際連盟の父として多少なりとその正当性を認められていたウッドロウ・ウィルソンのことをフロイトがどう思っていたか、[19]いまでは分析もできようし、ルネ・マジョールもこれに知らぬ顔はできまい。[20]アインシュタインとの往復書簡というこの提案にフロイトがさほど信を置いていなかったことは周知の通り、これを茶化すように、彼はフェレンツィ[21]にこう打ち明けている。

わたしも物理学には詳しいが、彼〔アインシュタイン〕も心理学に通じていてね、おかげで話がはずんだよ。[22]

なんとも白けた、しかし不当と言うほかない発言だ。論より証拠、アインシュタインの書簡は、フロイトがそれに答えて述べうることのほとんどすべてを先取りしているのだから。フロイト自ら、それを認めることとなろう。ふたりの偉大な科学者がそれぞれ自分の専門外に疎いことを仄めかすフロイトの懐疑的な物言い、それがいま、この場で、さまざまな知の前線や国境について滔々と語り出すだろう。フュシス〔自然〕とプシュケー〔霊魂、精神〕とのあいだ、自然についての科学と精神や人間についての科学とのあいだ、すなわち、一方に物理理論や宇宙の時空間、物理学、物理生物学、物理化学、薬理学を、他方に精神分析科学を見据えたそのあいだに見出されるであろう、さまざまな知の前線や国境について。では、その二通の書簡から、主権、残酷さ、抵抗という三つの問題を結びつけるものを、さしあたりご参考まで、抜き出してみよう。

そこに問われるのは、言うまでもなく、諸国間の戦争と平和である。戦争という概念を定義することは容易ではない、況して内戦と国家間戦争との違いともなればなおのこと。ある最終的な目標をアインシュタインは明らかにするのだが、今日なお、そこには一語として改むべきところがないように思われる。ドイツ語で行われ、英訳が同時刊行されたやりとりから、一節を引用しよう。

私自身は国家主義的《ナショナリスト》な性質の情動に動かされることのない人間ですので［ich

selber ein von Affekten nationaler Natur freier Mensch bin〕、問題の外的な側面、すなわち組織に関する側面は、単純であるように思われます。すべての国家が合同して立法と司法の権限を有する機関を創設し、国家間に生じる衝突の一切をこれに調停させるのです。諸国家は、件の立法機関の制定する法律に従い、紛争が生じた場合は件の裁判所に訴え、その決定には無条件に従い、また、この裁判所がその決定を実現するうえで必要と見做す措置についてはその一切を実行することを約束するのです。[*1]

アインシュタインはそこから、彼自ら、その「第一の事実確認」(*Feststellung*)、第一の「公理〔*axiom*〕」(スタンダード・エディション訳[†23])と呼ぶものを導き出す。すなわち、国際安全保障は、「諸国が自らの行動の自由の一部を(*auf einen Teil ihrer Handlungsfreiheit*)、つまりその主権(*Souveränität*)の一部を、無条件で放棄すること(*bedingungslosen Verzicht der Staaten*)[*2]」を前提とする、というものだ。アインシュタインはさらに、国際裁判所はその決定を施行する上で必要な力を手に入れておらず、「法廷外の影響力」(*ausserrechtlichen Einflüssen*)に依存している、とも記しているが、こうした指摘もまた、今日なお些かもその妥当性を失ってはいない。彼は、自ら「事実」(*Tatsache*)と呼ぶものに立脚している。考えに入れるべき或る「事実」、すなわち、力と法と(*Macht und Recht*)は相伴う、という「事実」に。裁判による決定を、人間の共同体の求める正義の理想に近づけるには、まずこの共同体が自らの理想を尊重せしむるだけの強制力を手に入れねばならない。このことは、すでにカントが述べている。それも誰より当を得た言い方で。曰く、強制の見込みなくして法もなし。[†24]だが何たることか、さらなる事実をアインシュタインは付け加える。今日——西暦二〇〇〇年の世においてなおこれは真である——、異議を挟ませずして施行させうる、そんな権威ある審判を下しうる超国家的機構を、われわれが手に入れているとはおよそ言いがたい、と。各国がその主権の少なくとも一部を無条件に放棄することを簡明直截に勧めつつ、アインシュタインはそこに、人間の機関[†25]の有限性と、このような国際司法機関の確立を目指す諸努力を麻痺させる「強い心理的な力」(*mächtige psychologische Kräfte*)とを認めてもいる。力への欲動、と言っておこうか――ドイツ語で《*das Machtbedürfnis*》とされたこの概念は、英語では《*craving for power*》〔力への渇望〕、フランス語では《besoin de puissance politique》〔政治的権能への欲求〕[†26]と訳されている――、これが国境を越え、支配階級を遍く特徴づけている。この階級は自ずから国家主権主義的で、国家主権の制限には肯んじない。この政治権力への欲動は、別の集団の活動や要求に従うのだが、この集団の渇望というのが、アインシュタインも非難しているように、ただただ金目当ての、経済絡みのものなのだ。然しものアインシュタインもことプシュケー〔精神〕については無邪気なもの、と高を括るフロイトを余所に、アインシュタインはある仮説を提示するのだが、これがなんと、フロイトの回答が向かうことになるまさにその方向へと向かってゆくのである。事もあろうに、残酷さへの欲動(つまりは、死への欲動)についての仮説が、そこに展開されるのだ。この欲動は、『快原理の彼方』[†27]で独自の位置を占めている力への欲動(*Bemächtigungstrieb*)と相伴うが、これに還元されるものではない。何ものにも還元できない死への欲動を、打ち克つことのできない力への欲動を、さて、どうするか、それも、進歩主義的な政治と法、つまり、啓蒙主義の時代のように、世の中は良くなる筈だと信じている政治と法のなかに身を置きながら。炯眼なるかな、アインシュタインはこうも指摘する。国民国家においては、権力の座を占める少数者が学校や報道、そして教会を掌握しており、また国民の方も、これら少数の権力者たちを熱狂的に、命さえ投げ出さんばかりの勢いで迎えるのだが、それは「人間のうちに、憎みたい、滅ぼしたい、という欲求が息づいている」[*3]からなのだ、と。彼はさらに、憎悪と殲滅の「精神病」への言及を重ね、これは無教養な大衆に限った話ではなく、インテリをも冒しうるものだとする。インテリという奴は、書くという行為においても、また「印刷された頁」の上ですら、この欲動ないし欲望を充たすことができるのだ。[†28] 書簡を締めくくるにあたってフロイトの意見を求めつつ、アインシュタインは、攻撃欲動への言及をさらに先へと、それもさらに興味深い手つきで押し進めてゆく。この欲動は、国際紛争のみならず、内戦や民族的少数派の迫害においても発揮される。そこでアインシュタインは、英語で「残酷な」(*cruel*)と訳されるであろう語を用いることになる。そう、フロイトの返信に大挙して押し寄せてくるであろうあの語を。仏訳でみてみよう。「私は、人間の共同体のあいだにおこる衝突の形態のうち、もっとも代表的で、かつ、もっとも馬銜《はめ》が外れている[*zügelloseste*][†29]がゆえに、もっとも死の影の濃い[*unheilvollste*][†30]ものを意識的に浮き彫りにしてみたわけですが、それというのも、軍事衝突はいかにして回避されうるかを説いてゆくには、そのような形態に依るのが最善であろうと思われたためなのです。[*4][†31]」

力への欲動や残酷さへの欲動が、何ものにも還元できず、諸原理(快原理や現実原理のことだが、これらは突き詰めてみれば同じもの、それもわたしなりに言わせてもらうと、差延において同じものなのだ)より齢を重ね、時を経たものであるとしたら、いかな政治にもこれを根《ね》扱《こ》ぎにすることなどできはすまい。政治に為しうるのは、そうした欲動を手なずけ、先送りして、間接的に、しかし幻想を抱くことなくこれと交渉し、妥協する術を学ぶことくらいであって、まさに、このような間接的方向が[†32]、刻々とずらしてゆくことで到達をつねに先へと送るこの迂回が、ずらしと先送りによるこの中継と猶予のシステムが、楽観的でありながら悲観的で、敢然と迷妄を破り決然と幻想を砕く、フロイトの政治を方向づけたのだ――主権についても、残酷さについても。しかもそこで精神分析の父は、だが諸欲動の倫理的評価に感《かま》けていては罷りならぬ、と言い切るだろう。そこで程なく彼の回答に耳を傾け、「間接的」という語が二度までも演じている、地味ながらも肝心なその役割を見てみることとしよう。

さてここで、ちょっとひと息、やっと始まったかと思いきや、先ほど申し上げたように、精神分析三部会にご挨拶を申し上げたい。

精神分析三部会なるものへ、なにゆえ感謝の意を表すのか。また、この会の発起人としておそらくは歴史にその名を刻まれるであろう分析家諸氏には、何とお礼申し上げればよいのだろう。三部会の報を聞きつけ、すわ一大事――とはいえ、この大事、いまだ先が見えず、その舞台も謎に満ちているのだが――、いざ鎌倉と世界各地から馳せ参じた諸兄諸姉には、いかにして感謝のしるしを送ればよいのだろう。奇抜でいて馴染み深いこの舞台は、しかし、どこか不気味な *unheimlich, uncanny*†33 ものをも感じさせる、そう、その演出のはるか彼方に。馴染み深い奇抜さ、気の置けぬ奇妙さ、というのも、一方で、世間一般の抱く「三部会」のイメージをそっくり写した舞台ほど、精神分析にとって馴染み深いものはないのだから。つまり、自発性の回復、言語の解放、発言権の奪回、禁止の解除、妨害の打破、といったイメージを。分析の度毎に何が起こっているかと言えば、それは、ミクロ革命とでも呼ぶべきもので、その序曲となる室内三部会楽が、社会体ないし精神体のあらゆる審級、あらゆる身分に、声を与えてゆくのである。これは、患者が長椅子に身を横たえる度毎に、あるいは、最近ではこちらの方が主流となりつつあるようだが、対面分析に入る度毎に、再開されることだろう。被分析者はそこで、ある革命の、それも、物の数に入る革命として筆頭に挙がるかもしれぬある革命の口火を切り、彼の三部会を仮想的に開会し、彼のうちで、複合的社会体としての精神体に属するあらゆる身分、あらゆる声〔＝票〕、あらゆる審級に、言葉を、発言権を与えるだろう。アリバイもなく。陳情、哀悼、不満のすべてを、残らず書き留めたうえで。こうした意味で、また条理に照らしても、精神分析とは、徹頭徹尾、革命的なプロセスであり、ことによると、三部会に先導された最初の革命であったのかもしれない。

翻って、フロイトがフランス革命にほとんど何のシンパシーも寄せていなかったという事実[*5][†34]を持ち出すまでもなく、他方で、この三部会という公共空間は、精神分析がこれまで経験したことのない、奇妙な、不安なものであったのだ。つまり、こうした舞台装置、プロトコル、時間配分、技術的な仕掛け、その他、かれこれ三年近くも前から、あなたがたがこうして一堂に会する条件を整えてきたものの総体である。いまだ眼に見えぬもうひとつの舞台が、あなたがたを遁れ続けているのもそのためだ。この隠された舞台があなたがたへ送ってくるさまざまなサイン、それらもある演出の蔭に隠れ、読み解かれることを避け続けている。共同討議を重ねて整えられ、主催者はもちろん参加者をも巻き込んだ決議と行為遂行的宣言とに順って組み上げられた演出の陰に。さて、そこへやってくる者、起こること、やってくる者ないし起こることとしての他者という出来事、それは、不可能なもの、ありえないことであり、行為遂行的行為の経済が至高の権力をもって生み出すとされているものを超え、これを掻き乱すものなのだ、それも、ときに残酷な手口で。すでにお墨付きを受けている発言が決まりごとを並べ立てようとおかまいなしに。何ごとかが起こるとき、誰かが、それも他者たちがやってくるとき、そこに起こること、やってくるものは、いつだって、まるで不可能なもののようなのだ。制度や規律を定める発話の彼方、決まりごとの彼方、支配の彼方、「私にはできる」の彼方、「それなら私の力で何とかなる」「私にはそれも可能だ」「こんな力を私はもっている」「こんな可能性が私には与えられている」といった、何かを我がものにせんとする発話や行為の経済——つまりこれほどの思い做しを行為遂行的行為というものはつねに含意しているわけだ——の彼方から、まるで不可能なもののようにやってくるのだ。他者がやってくるとすれば、近くからであれ遠くからであれ、身内のなかからであれ遠く離れた異国からであれ、とにかく、他者たちがやってくるとすれば、やってくるもの、起こることすべてのように、出来事の名に値するものすべてのように、あらゆる決まりごとの彼方、あらゆる舞台制御の彼方、快原理や現実原理といったあらゆる原理の彼方から、力への欲動の彼方から、そしておそらく、死への欲動の彼方から、不可能なものの形をとって来たるものすべてと同じように、彼らはやってくるのである。歓待とは、招待ではなく訪問[†35]に際して為されるものだ。たとえ、他なるものより訪れ来たるものが、歓待の掟を超え、主《あるじ》にとって先の読めぬ存在であり続けるとしても。規約に定められたその権威の蔭、〈呼びかけ〉と招集に公然と署名した者たちの蔭、進行役たちの蔭に、歴史上の、一七八九年までの三部会が、真の演出家を、至高の権力を握る演出家を擁したことがあったかどうか、わたしは知らない。たしかに言えるのは、どんな演出家にも、序幕の向こうにあるものを見越してその段取りをつけることはできないということだ。と、いうわけで、アンコール！

だからと言って、その代表者や公然たる担い手を通し、その主題や徴候を通して、この三部会の組織に働いている真の力を突きとめようとする動きが阻まれよう訳がない、むしろその逆だ。あらためて申し上げるまでもなかろうが、原理的に、この三部会の、精神分析の三部会の本質的任務とは、さらに言うなら、その本来的義務とは、自らの演出の自己分析を、またのみならず、三部会のうちにひそかに働いている力、欲動、欲望の分析をも、可能な限り押し進めることなのだ、そう、あらゆる演出の彼方へ、延いては、視るという行為の、あらゆる可視性の、あらゆる現象性の彼方へと。

精神分析と舞台、精神分析と演劇に、古くからの関係があることはよく知られている。その舞台や演劇の構造は、いつまでも同じままなのだろうか。明日も、次の千年紀も、同じ題材、同じ装置で、同じ役者一家が舞台に上がり続けるのだろうか。この先も同じ家族が、多かれ少なかれ王家の血が混じり、それなりに父権が強く、同性愛を認めず、性差は二項対立だと信じて疑わぬ、そんなある家族が、劇団を営んでゆくのだろうか。それともいまのご時世、ひとり親や三人親の家族なぞも出てくるだろうか。精神分析はこれからも、ギリシア演劇やシェイクスピア劇、エリザベス朝演劇を参照してゆくのだろうか、つまりひとくちに言えば、ヨーロッパ演劇を。といっても、これまでそれ以外の演劇があったとして、の話だが。いまなお精神分析を、ギリシア的、ユダヤ教的、キリスト教的ヨーロッパの歴史に結びつけているものは何なのか、いまとなってはもう、よくわからない。そこでもし、アブラハムを祖とする一神教を勢揃いさせてやろうと、イスラーム的などと付け加えようものなら——あるいは付け加えずとも——、わたしは、測り知れぬ疑問の淵を開くこととなるだろう。その規模は、ただ人口にのみかかわるものではない。なぜ精神分析は、アラブ‐イスラーム文化の広大な領土にけして足を踏み入れようとしないのか。況や極東においてをや。大摑みに言えば、あなたがたはこんなふうにお思いだろう、なぜ精神分析は、いわゆる「世界化」の途上に在るこの地の表に住まう多くの、それも、すでに途方もない数に膨れ上がりながらいまもその数を増し続けている多くの男たち女たちを囲う縁の外にじっとしたまま、そこへ入ろうとせず、かといって、モーセのように約束の地を追おうともしないのか、と。望みはないと言うためであれ、約束の地というモーセの幻想を敢えて名指すからには、ひとこと触れておかねばなるまい、精神分析の第一幕からすでに現れていたモーセの亡霊の執拗さに、また何より、第二次大戦を目前に発表された『モーセという男と一神教』より何十年も前のある日、フロイトがユングへ書き送ったあの言葉に。その手紙が書かれたのは一九〇九年、それはフロイトがユングの眼の前で卒倒した年であり、初めてアメリカへ旅した年でもある。彼の地よりフロイトは例の「アメリカ大腸炎」を持ち帰ってきた[†36]わけだが、ことによるとこれが今日なお、止め処もなく後を引き、限りのない治療を求めているのかもしれない。それはまた、第一回国際精神分析会議[†37]をユングが組織してほどなくのことでもあった(参加者四十二名のこの会議を指してかの善良なるジョーンズ[†38]曰く、「歴史的出来事」と[†39])。またこの頃、精神分析は、みなさんもご存じの通り、国際化の時代を迎えていた――といってもあくまで相対的な、きわめてヨーロッパ寄りなものではあったが。この国際化の動きは、いまだ世界化のそれとはなっていない。それは痛いほどわかっている。さて、フロイトはそこで、精神医学の約束の地、と言っている――そう、精神医学の、と。この精神医学、精神医学的治療という奴は、薬理精神医学と、また、化学や遺伝学の分野における新たな治療法の数々と底で通じており、今日、世界中で、就中アメリカで、もうおまえの世話にはならぬと、フロイト派精神分析を突っ撥ねたり、これに死刑を宣告してみたり、かと思えば、前代未聞の、しかし依然として問題含みな妥協案をこれとのあいだに成立させてみせると豪語したり、勇ましいことこのうえない。かくして、精神医学を、そして精神分析と精神医学の関係の未来を名指しつつ、フロイトがユングに投げかけたのが、この有名な一言である。

あなたは、そう、わたしがモーセとすれば、あたかもヨシュア[†40]の如く、精神医学の約束の地をその手につかむ者となるであろう。わたしには遠方より見遣ることしかできぬ彼の地を。[†41]

遠方より。いか許りの隔たり、いか許りの遠さが、フロイトの心中に問われていたことか。それを今日、どのように考えるべきなのか。

ヨシュア・ユング事件のその後については周知の通りである。精神医学の側に控え出番を待っているものについて、とある固有名の辿る残酷な運命について、精神分析界のモーセという名について、歴史はいまだ開かれたままであり、この幽霊たちは、あなたがたの議論に憑いてまわるだろう。少なくともわたしは、そう信じて疑わない。

劇場なくして、三部会なし。精神分析において、家庭という私的な劇場が根本のところでしがみついているもの、つまり、本来の意味での劇場、公共空間を必要とする劇場なくして、三部会が行われたためしはないのである。執拗に繰り返し現れ、わたしの脳裡に焼きついてしまった光景《ヴィジョン》において、この精神分析三部会は、前代未聞の舞台に、いや、残酷劇にさえ似ているかもしれない。自己免疫さながら、己自身を見世物とすることに抗い、鏡の誘惑、見世物の誘惑に抗う、初期の残酷劇[†42]に。精神分析三部会という称号を、呼称を、自ら名乗るもの、此奴が、或る残酷さを舞台に引き戻し、これを変化の波に晒すこととなるだろう。さてそれは、いかなる残酷さか。主権の名のもとに行使されるそれか、はたまた、主権が蒙るべきそれか。

この新たな残酷劇の舞台へ――これについても、思うところをわたしなりのペースで詳らかにしてゆきたいと思っているのだが、それがまた申し訳のないことに、ひどくもたつきそうなのだ――、わたしも一歩、踏み出してみよう。アリバイを避けて通れればよいのだが。（分析のセッションについて、もしもわたしが腹を決めていたならば、あなたがたは今日、大枚はたいてそれを思い知ることとなっていただろう。いやもう、それは酷い目に遭った筈だ。というのもわたしは、何がどう転ぼうと、誰が何と言おうと、長いセッションを、長すぎるくらいのセッションを好む気質なのだから。忍耐《パシアンス》が求められるとして、それは患者《パシアン》の好き嫌いによるのではない、その逆だ。）

知らずに――それも本質的なところを知らずに――、何も知らずに、前へ進もう。わたしはあなたがたにお話しすべき単純なことも、単純にお話しできることも、何ひとつ持ち合わせていない。とどのつまり、知っていることが何もないのだ。それをどう認めればよいのかもわからない。知っていることが何もないばかりか、身の置き所さえわからない。わたしと、知によらないわたしとを、また、知と力についての、可能性と可能性の彼方についてのわたしの問いとを、どこに位置づければよいかさえも。始めるにあたって、何を拠り所とすればよいのか、いましがたしたように、精神分析三部会のような何ものかに感謝の意を表して挨拶するために、何を、どんな名目を、あるいは誰を、拠り所とすればよいのか。わたしには、わからない。自分自身でないことだけは、たしかだが。それでもわたしは、あなたがたに語りかけることを許されてきたのだ、さしあたっては。「なぜわたしは許されてきたのか、それも実のところ、何によって、また、誰によって」という問いに、直接にであれ間接にであれ、アリバイなしで答えることができていたなら、たったいま触れた自己分析に、わたしも何歩か近づいていたかもしれない。わたしの自己分析など、大勢の興味を惹くようなものではないし、当のわたしでさえ、そこまで興味を持てるかどうか。それでもやってみるとすれば、例えば、今日こうしてあなたがたにお話しする論題として、死への欲動を選んだ理由、と言ってもまあ、死への欲動については始終話している気もするが、とりあえず、残酷な苦しみを、残酷さを選んだ理由なら、その糸口になるだろうか。ときに、この残酷さを中心に据える研究会があり、そこでいつか死刑にも時間を割かねばと思っていたのだが、これも偶然ではないのだろう。こんなふうにご清聴いただくには値せぬわたしの自己分析など扨措くとして、そのはるか彼方へ、精神分析三部会の自己分析を目指して、危険を冒し、いざ行こう。

どこへ行こうと、行く手につねに立ちはだかってくるのが、原理の問題、諸々の原理についての問題、そして、原理というもの〔*le* principe〕——すなわち、原理的なもの〔le principiel〕[†43]、主権者たる王〔le souverain prince〕、そして君主の位〔le principat〕——についての問題である。フロイトの興した精神分析、科学としての精神分析、あくまで一科学たらんとする、それも他とは一線を画す科学たらんとする精神分析、そんな精神分析が、原理を蔑ろにできよう筈がない。これらの原理は、ちょうど一次過程と二次過程の区別のように、いたって科学的に、しかし欠くべからざる理論的虚構として、精神分析に扱われてきたのである。アインシュタインへの返信でフロイトが「諸欲動に関する神話学的理論」について語ったのが、まさにそれだ。あたかも、「あたかも…かのように」が、ファイヒンガーの『かのようにの哲学』をめぐってフロイトが『ある幻想の未来』に展開したあの批判に自ら抵抗せねばならぬかのように。[†44] フロイトはこれらの原理に、快原理やら現実原理やら、名を、異名を与えてきたし、また諸原理の彼方や此方に在って、これらを危うくするもの、すなわち死への欲動とかいうものにも、「神話学的に」異名を与えてきた。この死への欲動は、まさにあらゆる残酷さの起源で、サディズムという破壊的な形態を取るだろう、ナルシシズム的リビドーが自我より解き放ち対象に向けて行使する凶暴性という破壊的な形態を。それはあるいは、一時的マゾヒズムの形態であるかもしれず、フロイトはその可能性も捨ててはいない。残酷さの未曾有の諸形態とは、どのようなものだろう。西暦二〇〇〇年のとある精神分析家がいまさら費用を払い直してまでも解釈すべき、制度の内外を問わずみられるその形態とは。政治的なもの、地政学的なもの、法律的なもの、倫理的なものに関する帰結が、あるいは少なくとも教訓が、死への欲動の仮説から、何ものにも還元しえぬこの欲動の仮説から、引き出されうるのだろうか。古代であれ現代であれ、その形態がいつの時代に帰されようと、かくも曖昧に残酷さと呼ばれているものから切り離しては考えられぬ、死への欲動の仮説から。諸原理の彼方で、もう何歩か先へ進めば、彼方の彼方があるのだろうか、死への欲動の彼方、残酷さへの欲動の彼方が。「残酷さ」という語がフロイトの政治的テキストにどのように現れてくるかを追い、その射程を読み解いてゆく必要がありそうだ。遠く、これらの問いの地平を見渡せば、『快原理の彼方』で少なくとも政治的隠喩の形で幅を利かせていた主権や支配（*Herrschaft, Bemächtigung*）という精神分析的な主題と同時に、*Bemächtigungstrieb* すなわち支配や権力、所有への欲動という主題をも明らかにせねばならなくなりそうな雲行きだ。とにかく控えめでフロイトの読者たちにほとんど分析されてこなかった *Bemächtigung* という語と概念とが、いかにして『性理論三篇』から存在感を示し始め、『快原理の彼方』において決定的な役割を果たすに到ったかを、そう、諸原理の彼方と此方とを問わず、まさに根本的な欲動として、それもとりわけ、愛憎のアンビバレンスや残酷さの狂奔——これが、ひとは生まれながらにサディズムを具えているのかもしれないという仮説を呼び寄せる——における根本的な欲動として、いかにその存在を色濃くしていったかを、わたしは一通の長い『葉書』[†45]に描いてみせようとしたのだった。*Bewältigung*（力の、影響力の行使、所有の実行、取得の動き、等の意）という概念と分かちえぬものとして、力への欲動という概念があるだろう——つまり、資格付与の、「私にはできる」、*I can* もしくは *I may* の概念であり、そしてとりわけ、行為遂行的な力の、ラカンが象徴的なものと名づけたものの秩序を誓約を介して整える、行為遂行的な力の概念である。この力への欲動がおそらくは前触れとなって、あらゆる原理の手前と彼方に、あらゆる力の手前と彼方にも（原理とはすなわち力であり、力の至高性であるのだから）、フロイトの精神分析の言説が、一般的な法律や政治の問題に連結され、主権〔＝至高性〕と残酷さについてのこの二重の問題設定の未曾有の与件にかかわるすべてに連結される、そんな場のひとつが到来するのだ。精神分析の制度や実践が国家とのあいだに取り結ぶ関係を考えるには、いま現在のそれであれ、来たるべきそれであれ、その関係を考えるには（法的資格、可視性、透明性、税制、社会保障や秘密保持などの諸対策との連関、その他、何が問われるにせよ）、精神分析の需要と供給が発生する社会領域の深部における変容はもちろん、各国の——といっても、とりわけヨーロッパにおける——主権、主権の放棄、法制の調和策《ハーモナイゼーション》、等々にかかわる急激な変化をも考慮に入れねばなるまい。精神分析が市民社会や国家という公共空間と取り結ぶ関係は、例外的であるがゆえに、絶えず危機に晒されてきた。これら次元の異なる二つの公共空間が、その深部にまで及ぶ変貌を遂げると、そこには新たな力関係が生み出される。それは、これまでにない分析を、新たな公理を、戦略上の工夫を呼び寄せるだろう。傍観者《オブザーバー》として感じたことを、ここに打ち明かしてよいものかどうか。わたしには、こんなふうに思われてならないのだ、問題は山積みだというのに、こうした場のどこを見ても——世界中の精神分析家たちにも、社会、政治、法律の分野におけるその対話者たちにも——コンセンサスのかけらも見あたらないし、たとえ探しても見つかりはしないだろう、と。とはいえ、それも已むをえぬこと、こうしたコンセンサスの欠如もまた幸いなるめぐりあわせ、と、考えられぬこともない。

それゆえこれは、形を替えた、原理についての問いであり、ゆえに始まりについての問いであり、つまり幕開けについての問いであり、幕開けは、出来事を、呼びかけや招集といった行為遂行的な力をもたらすとされており、この力は、決まりごととしての「あたかも…かのように」をつねに孕んでおり、この決まりごとを起点に、権威——他から与えられたものであれ、自ら手に入れたものであれ——に裏打ちされた行為が、「私にはできる」と、*I can, I may* と口にする権力を握るのだ。あたかも、あなたがたの誰かひとりが、あるいは幾人かが、決まりごとの「あたかも…かのように」に沿って、三部会への参加を呼びかけ、あるいは招集し、初会を開き、何かしらの総会や国民議会、あるいは国際会議に出向いて演説を打ち、あるいは開会の辞を述べ…といった権利を持っていたか、手に入れたか、それとも認められたかのように、すべては起こっており、すべては起きてしまったのだ。開会したのが誰なのかもわからぬまま、三部会一般への参加を誰が呼びかけ、誰が呼びかけられるのか、誰がこれを「招集」し、誰が誰をそこへ招き集めるのか、みな、頭をひねるだろう。それも、答えはすでに用意されているものと当て込んで。そう、いったい誰が。とあるフランス国王が、十四世紀からフランス革命まで、一七八八年から一七八九年にかけてのあの時期も含め、そうしたことを行う資格を付与されていた唯一の存在たるフランス国王のひとりがこの世を去って以来、いったい誰が。一七八八年八月、政令を発し、最後の三部会を、われわれみなの念頭にあるあの三部会、そのさなかに最初の変化を生ぜしめたあの最後の三部会を、招集したのは誰だったか。ご承知の通り、それは依然として、原則に則り、法律に従い、ひとりのフランス国王だったのだ。さてそこで、何が起こったか。一連の違反行為が第三身分の議員数に影を落とし、決め手となる「資格審査[†46]」と呼ばれるものの流れを変え、一人ずつに、身分毎ではなく「声（＝票）」毎に、つまりは個々の主体毎に、「私」毎に、票を与えよと迫り、あらゆるエゴは平等となり、フランス革命の——恐怖政治を待たずして、王殺しにして親殺しでもある、親王殺しとでも呼ぶべき出来事を経験したあの革命の——名のもとでひとくくりにされていたこの種々雑多なものの集まりを、球戯場の誓い[†47]とかいうものがまとめあげるや、とうとう三部会を憲法制定国民議会へと変えてしまうこととなったのである。ひとりの王に招集された三部会は、親王殺しに到る宿命の前奏曲であったのか、国民の父たる王を惨たらしく血祭りに上げる最初の所作であったのか、それとも、最後の努力であったのか、親王殺しでひとびとを威嚇することで残酷な恐怖政治の機先を制そうとなおも努める勢力を死に物狂いでかき集める、最後の努力であったのか、心かき乱すこの問いに、アリバイなしで答えることなど、けっして、どうあれけっして、できはしないだろう。ひとびとは、王の首を刎ねんとしていたのか、救わんとしていたのか。首を刎ね槍先にでも掲げようとしていたのか、はたまた首を挿げ直し、王を甦らそうとしていたのか、西暦二〇〇〇年の彼方の世に。われらが共和国は君主制ではない、とか、現代の民主主義は、われわれの知る限り、君主制の原理など必要としていないし、自らを根拠づけるために君主や主権の原理に頼る必要もない、などと、誰が真顔で言い張るだろう。終わっていても終わりはないと言われるこの分析のように、限りなく、終わりなく、家父長と君主とが融合したあの地位を建て直してゆこうとでもしていたのか。それは、いつまでもわからぬままだろう。三部会は、初めて招集されたそのときに、王の首を失う運命にあったのか、救う運命にあったのか、当然のことながら、いつまでもわからぬままだろうし、また、失うにせよ救うにせよ、これら二つの所作は切っても切れぬ間柄にあるのだから、問うても詮無いことかもしれない。それらの所作は、主権と残酷さという二つの概念に、まるで自己免疫のように揚棄しがたい両義性を刻みつけることとなる。手遅れなのだ、問いかけるにさえ、もう遅すぎる。これがおそらく、あらゆる親王殺しの究極の意味なのだろう。あらゆるエディプス・コンプレックスの、あらゆるトーテムとタブーの、また、親王殺しを経て兄弟の、同胞の平等が共和主義やら民主主義やらに則って確立されることの、それは、究極の意味なのだろう。手遅れなのだ、もはやアリバイもないまま、親王殺しは起こらずして起きてしまった、起ころうが起こるまいが、あらゆる問いに先立ち、その主体に向けられたあらゆる問いに先立ち、その前夜のこと、別な道を辿っていたかもしれぬことについてのあらゆる問いに先立って、親王殺しは起きてしまった。手遅れなのだ、あの革命が、こうした問いの可能性にまで終止符を打ってしまったというわけだ。より正確に言えば、そこにこそ革命と呼ばれるものが存し、それこそが革命の起きたことを知らしめる証《しるし》なのだ。これはおそらく、出来事一般についても言えるだろう、到来するものや者についても、それ自体つねにひとつの革命であるような、到来するものの到来についても。革命は、出来事は、到来するものの誰と何とは、先んじて問いを無効にしてしまう、もう手遅れだというのにその主題のもとへのこのこやってくるあの問いを。手遅れなのだ、問いかけるには、もはや消しようもないほどに遅すぎる。変えるべきところを変えれば、精神分析革命についても同じことが言えるだろう。すでに起こってしまい、消すこともできぬまま残っている、あの革命についても。この革命を率いた父のさまざまな顔と名とのすべてについても同じことが言えるだろう。

その首を危うくしながら革命を率い、それを失いながらも救い、死に瀕しながらも生き存えた父の顔と名とは、くたばり損いの亡霊さながら、二つばかりではない、二プラスn個の王の身体[†48]を、代わるがわる、あるいは同時に占めてゆくだろう。精神分析を消すことはできず、その革命を戻すことはできない——それでもそれは、文明である以上、死を免れえないのだ。

それゆえ、三部会というものの本来の契機が、それ自体として、そもそもの審級において、王の首を失う運命にあったのか、救う運命にあったのか、それはいつまでも、誰にもわからぬままだろう。さらに王は、王そのひとは、この最後の三部会を招集し、残酷さの矛先を自分自身に向けたことで、自分の死刑判決に手ずから署名してしまったのではなかったか、それもわからぬままだろう。おそらくは、国際精神分析協会の指揮はとるまいと決意したときのフロイトのように。フロイトはそうすることで、絶対的な主人を、全能にして無能な、主権者の全能において無能な、前もって首を刎ねられ、そして甦った絶対的な主人を自ら任じていたのだから（だがこれは、精神分析史における最初の一例に過ぎなかった〉。それから二世紀余を経て、精神分析三部会とかいうものは、ひとりの〈王〉ないし国民の〈父〉を救う運命にあるのか、失う運命にあるのか。そこに問われているのは、いかなる王、いかなる父、そしていかなる国民なのか。こんな問いを投げかけるには、もはや手遅れなのだろうか。この三部会は、それと知らずに、〈父〉の死を献ずる定めにあるのか、〈父〉の首を救う定めにあるのか――あるいはまた第三の可能性として、この賭け金について思考し始める定めにあるのか。それともさらに厄介なことに、といってもこれは、その独自性のために支払うべき代価といえるのかもしれないが、その三つをいちどきに行う定めにあるのだろうか。さてそこで、置き換えてみよ、と迫る声が。ここで何ものかに脅かされている王、あるいは自ら命を絶とうとしている王とは、誰なのか。精神分析における親王殺しとは、また敢えて問うまでもなかろうが、そこでの恐怖政治とは、何なのか。

この場にも、こう言い続けてきた方はおられよう、転移的親子関係の論理に、精神分析が自ら分析できると思い込んでいるあの論理、その概念から作り出したところのあの論理に、その創始者の固有名をすべり込ませることができるのは、精神分析を、科学としてのそれを措いてほかになく、しかも、それが理論的な科学でも科学的な制度や共同体でもあろうとする限りにおいて、そうしたことが可能となるのだ、と。ここにお集まりのみなさんなら仰るだろうか、フロイトの名こそ、いまなおフロイトのものである精神分析の名こそ、文字通りこのままの形でも、より精妙な換喩の形でも、あるいは惹起され、あるいは回避され、あるいは思考されるべき、自己免疫のような親王殺しの賭け金なのだ、と。この問題は、フロイトのこれこれの死に限られるものではない。生き存えることとは、自己に向かう残酷さのようなものであり、ひとつ以上の死に耐え続けることなのだ、それも、その人物が存命のうちからすでに。たとえそれらの死のなかでこれこれの死が他の死より重要に思われるとしても——例えばエリザベート・ルディネスコが、アメリカにおけるフロイトの死、と呼んだそれのように。「フロイトはアメリカで死んだ」、彼女は近著にそう述べている。[†49] わたしがこうしてアメリカに言及するのも、この国名が、今日、この場にいるわれわれにとって何を意味するのか、そこへ執拗に立ち返ることがどういうことなのかを仮想的に示してみようと思ってのことなのだ。「アメリカ」という国名は何を意味するのか、それは例えば、件の世界化――そこでのアメリカの覇権は明らかだが、刻一刻と危うさを、つまりは脆さを増しつつもある――かもしれないし、英米語――その勢いは止まるところを知らず、実際に世界で通じる言語として唯一のものとなりつつある――かもしれず、また、いわゆる市場であるとか、遠隔技術、国民国家的主権原理――合衆国は、自国の主権となると一歩も譲らず守るくせ、他国の、それも、弱小国のそれとなればこれを抑えにかかるのだ（アレントを参照）――かもしれない、はたまた、フロイト派精神分析の運命――USAではこれに対する陶片追放の動きが次第に高まりをみせているということも考えられるし、あるいはまた、そしてとりわけ、わたしなどはこれこそ何より意味深長な指標であろうと思っているのだが、死刑というものについてこの国が経験しつつある痙攣的な危機かもしれない。この問題の、過去の、最近の、そして現在の歴史についていては、ここで語ろうにも語るべきことが多すぎるのだ、とりわけ合衆国におけるそれについては。だが、忙しなくもこれだけは請け合っておこう。死刑と主権一般の問題、市民の生き死にを握っている国家の主権の問題を、精神分析が理路整然と論じられるようにならぬ限り（わたしの知る限り、それはまだ為されていない）[50]、二重の抵抗が、すなわち精神分析に対する世界の抵抗と、自らにも世界にも対する精神分析の抵抗、つまり世界内存在としての精神分析に対する精神分析の抵抗との二つが顕在化されてゆくこととなるだろう。死刑という、茫洋としていながら切迫したこの問題が、新たな局面を迎えているいま、それについて何かここで取り上げうるとすれば、あるひとつの標識《シグナル》だろうか。それを選び出したのも、予《かね》てより注目してきた主権と残酷さという二重のモチーフに鑑みてのことだ。死刑は「残酷」である、「残酷で異常な刑罰〔*a cruel and unusual punishment*〕」である、と判断されたがゆえに、死刑は、合衆国連邦最高裁判所によって、アメリカ合衆国憲法の二つの修正箇条と両立しないと判断され、一九七二年にはその執行が停止された（この修正箇条のひとつに「残酷で異常な刑罰」が禁じられている）[51]。それから五年後、死刑の執行は再開されることとなる。それもご存じの通り、恐るべき勢いで。というのも、いくつかの州が、最高裁の合意のもと、致死薬注射は「残酷」でないとの判断を下したのだ。[†52] それも、人権を説く数多の国際条約に背くことを承知のうえで。だがそれらの条約もまた、多数のあやふやな解釈に囲まれて、諸州の主権を侵害する意気地もなく、「残酷」な拷問として死刑を告発しながらも、これを追放することはできなかった。こうした歴史の全体、つまりアメリカ合衆国憲法に始まり現代の国際宣言の数々に到る歴史の全体においても、サド以前も以後もなく、何世紀も前から共通のドクサに支えられてきた言説においても、残酷さというこの得体の知れぬ語に、曖昧さのすべてが凝縮されている。「残酷な」という語は、何を言わんとしているのか。残酷さというこの手強い概念、ニーチェばかりか、フロイトも（死への欲動、攻撃への欲動、サディズム、等々を論じつつ）多くを語ったこの概念を、われわれは意のままにできるのか、フロイトは意のままにしていたのか。残酷さというものは、どこに始まり、どこに止まるのか。倫理、法、政治なぞに、これに終止符を打つことができるのか。精神分析は、これについてわれわれに何を語りうるのか。さて、通りがかりにひとつお眼に掛けたいのが、とある偶然の一致の輪郭… いや実を言えば、わたしには偶然とは思えぬ、むしろ腰を据えて根気強く分析すべき、とある事実の輪郭である。当時、精神分析の言説と呼べるようなものはなかったし、主流派の精神分析の言説やら規約に則った精神分析の言説やらも勿論なく、死刑やら国民国家の主権原理やらを露骨に批判するフロイトの言説もまたなかったが、アメリカ合衆国を、西洋型民主主義を標榜する――かつキリスト教文化に支配された――国として唯一、死刑を維持し、自国の主権について一歩も譲らぬ姿勢を取り続けたこの国を、特筆すべき例外として、精神分析の揺籃の地たる古きヨーロッパの国々は、こぞって死刑を廃し、と同時に、ある曖昧な過程に踏み込んだのだ、そう、国民国家の主権に終止符は打たずに、これを危うくし、前例のない形で問い直させるという、何とも曖昧な過程に。

フロイトがアインシュタインへ宛てた返信について問う前に、是が非にも言及しておきたいと思っていたのが、エリザベート・ルディネスコの近著と、そして、アメリカについて彼女が述べていることである。といっても、これらの主題(残酷さ、主権、死刑、等々)を彼女が取り上げているというわけではない。肝心なのは、この三部会が、あたかも自らの前提でもあるかのように、エリザベート・ルディネスコとルネ・マジョールの仕事と彼らの辿ってきた道程に負うているものを隠さぬことだ。いやはや、このふたりの懸隔たるや、にもかかわらず、こうして手を結んでいるのは、偶さかのことではあるまい。このふたりばかりではない、序列のない見事な合議制で三部会の各委員会を方向付けてきた諸兄諸姉、彼らひとりひとりに、語られるべき歴史があり、歩んできた道程があり、物してきた著作があるわけだが、彼らの名は挙げずにおこう。そう決めたのは、友誼によってか、礼儀によってか、恩義への謝意によってか、それとも歓待の作法に従うための、型通りのお愛想か。こんなにも多様でありながら交叉しているたくさんの仕事、世界に広がる精神分析の内部や周縁におけるその状況、諸々の解釈、政治参加、結ばれて久しい政治的・理論的な協力関係、それらすべてを鑑みつつ、この三部会の開催を可能にし、しかもこれを必要たらしめたものとは何なのか、それをここで分析し、さらには提示すらできるのも、その分別ある誠実さの、またのみならず、分析や政治に関するその明敏さのお蔭であろう。申し合わせ、遠慮、無知、その他、事情は知らねど、もしも、マジョールの、ルディネスコの、そして、フランス班と国際班との二つの準備委員会のメンバー全員の、研究活動や出版物、社会参加等々が長らく息もつかずに見守ってきたものの全体に、たとえこれに異議を唱えるためであれ、眼を向けようとしないなら、この前代未聞の会合の起こりを理解することはできないだろうし、また三部会という名についてすら理解できずに終わるだろう。わたしが言っているのは、彼らの書物のうちに、彼らの書物を通じて読みとりうるもの、彼らの倫理的・政治的・制度的態度表明のうちに、精神分析の共同体の内外、フランスの内外で、彼らに決定的な影響を及ぼしてきたさまざまな親和と葛藤とのうちに読みとりうるもののことである。この三部会を主導してきた面々の地位や業績を見分け切り分けるものは、いくらでもあるだろう。だがお話ししているような意味での出来事の徴候のひとつとして、秘密の、公然の秘密のひとつとして分析さるべきは、この場における彼らの協力であり、彼らの合意であり、そして、彼らの仕事が組み込まれることとなった、主義主張を共にする全国的・国際的な連帯のネットワークなのである。こうした状況や動機に然るべき注意を払いもせず、この三部会は自らの法を自発的に、自-律的に〔=自らの法のもとで〕[†53]自らに与えたのだろう、とか、それは自ら招集したものであって、他者に招集されたわけではないのだろう、とか、そんな御託を並べられても、わたしなぞには、政治の機能不全か、分析の否認か、さらに言えば分析の放棄かとしか思われない。自らを超えて生き存えているものを超えて生き存えている他-律〔=他者の法〕、生を超えて生き存えている他者の出来としての他者の法、そうしたものから出発して、本物の（平等主義的で民主主義的な）自-律〔=自己の法〕が、いかにして確立されるのか、また、確立されるべきなのか。これが、「何を為すべきか」という問いのひとつの形であり、わたしはこれを、いかな主権をも、いかな残酷さをも超えた彼方へと、アリバイなしで担ってゆくつもりだ。さてこの問い、親王殺しのそれにも一枚噛んではいないだろうか。

いましがたわたしは、「公然の秘密」という言葉を口にした。球戯場の誓いは、公然たるものであった。それが、その誓いが、憲法が可決されるまで解散すまいとの意を固めさせたのだ。そこでみなさん、こんな疑問を抱かれよう。いかなる憲法、いかなる新憲章について、これから解散まで、自分は責任を負うことになるのか、いかなる新体制、いかなる移行や委譲の手続きについて、いかなる言語で、いかなる国家権力ないし超国家権力のために、自分らは責任を負うことになるのだろうか、と。

そう、誓いなのだ。誓いや約束の、行為遂行的な力たるや。ああ、誓約よ。誓いに背く者たちよ。誓いに背いたが最後、逃れえぬ残酷さがその身に及ぶというのに。精神分析において初の制度的共同体が誕生し、約定の印が捺されたとき——それは秘密裡に、国際精神分析協会が公然と設立されたのとは無関係に、けれどそれから時を置かずして行われた——、そこにもやはり、誓いが、誓約と指輪があったのだ。それも二つばかりではない、最後には七つもの指輪が、〈委員会〉の船出に寄せて。七つの指輪が、その度毎に、これを限りと、その度毎に、ギリシアのインタリオ[†54]がひとつ――エジプトでもユダヤでもなく、ギリシアのインタリオがひとつ――、フロイトの、そう、ユピテルの頭の蒐集品から供されていったのだ。[†55]これも時間が足りず断念したが、この講演《コンフェランス》の全体を、この指輪のぐるりに円《シルコンフェランス》を描くよう廻らすことも考えていた。いやむしろ、これらの指輪の、と言うべきか。あるものは失われ、あるものは遺産として委ねられ、またあるものは元いた宝石箱へ舞い戻り…そんな指輪たちのその後をめぐって、円を描いてみようかと。精神分析においてはもちろん他の領域においても、秘密というものは、その倫理的、政治的な影響において、徒疎《あだ》かにはできぬ問題だ。況やそれが、権威や権力の、政治的なものの正当性の及ぶ範囲を限定するような場合には。ここで言う政治的なものの正当性には、一般的な意味でのそれ、すなわち、国民（臣民－市民）の生死・意識・交流（経済的な意味での交換に限らず）を監視する権利の正当性のみならず、精神分析の制度の内にある政治的なものの正当性も含まれている。精神分析という職業における守秘は、他の職業におけるそれと同じであってはならないし、ともかく、同じではないとされている。この守秘の使命――尊重されているかどうかはさておき――の社会的・経済的・政治的帰結については、ここに詳らかにするまでもあるまい。わたしなぞよりあなたがたの方がはるかによくご存じなのだから。そこで問われているのは、やはり、国家（ポリス、ポリテイア、警察《ポリス》、そして政治《ポリティック》[†56]）とあなたがたとの関係なのだ。わたしたちとの関係、と言ってもいい。たんなる逸話だとか本質的ではないとか言われてもおかしくはないこの〈委員会〉のエピソードに、わたしがなぜここまでこだわるかと言えば、七つの指輪という契機について、フロイト自身、そこには「何か子供じみたもの」があり、おそらく「こうした着想には何か夢想的《ロマンティック》な要素」があるのだろう、と認めながらも、「この〈委員会〉の存在と活動」は「絶対に秘密」にしておくように、と、みなに迫っているからなのだ[†57]。変幻自在のこの秘密は、精神分析のなかで政治的なものという公共物《レス・プブリカ》[†58]に抗い、さらには民主主義的なものというそれに抗っているもの、またおそらくは、これからも抗い続けるよりほかないものを、ときに構成し、ときに寓意的に表してきたと言えるだろう。ところでここに言う民主主義とは、政治的なものについての国家主義的、国民国家主義的、主権主義的、ゆえに市民的な概念において、いまなお根拠を持ち、まだしばらくは根拠を持ち続けるであろうそれのことである。公共物ばかりではない、それはまた、自らの制度化が公にされることにも抗っていたようだ。というのも、秘密の〈委員会〉は、国際精神分析協会の外に、その手の届かぬところにとどまっていたのだから。精神分析世界三部会について、フロイトなら何を思ったろう。一九一三年、いわゆる第一次「世界」大戦の起こる前、フロイトの弟子の主だった者はみなヨーロッパ人であった。秘密の〈委員会〉の光景も、国際精神分析協会の光景も、三部会の概念、つまり、すべての身分が一堂に会すという発想とは、本質的に相容れぬものだろう。この相容れなさはまた、自らとは他なる者へのアレルギーとしても語られうるのではなかろうか。

制度や規約の舞台裏には、秘密であろうとなかろうと、他のいくつもの力がつねに働いているものだ。いまひとたび、一七八九年の三部会に視線を戻してみるなら、規約に則った授権、すなわち王の公的な権力のもとで、キリストの父なる神に認められしひとりの王の二つの身体のもとで、実のところ、三部会を招集していたのは誰だったのか、いまなお疑問にお思いの向きもおられよう。例えばいま、この場にも、それを問う方がおられるやもしれぬ。異なる者同士で、一方が他方を招集しているのか、それともまだ名を持たぬ勢力が自発的に、自分たちを招集しているのか。あるいは異なる者同士でも、いまだ名づけえぬ他の誰かの力によって、予期せぬ訪問者たち、予測できず、素性もつかめぬ到来者たちの力によって、招集されているのだろうか。そこでの階層秩序や他律は、どうなっているのか。またウェブのネットワークは、分析の場面や転移と逆転移の場面に影を落としつつ、何を脱階層化しているのか。この問いは、他の一連の問いを呼び寄せるだろう、まったく同じ問いと、そして、たくさんの別な問いを。誰が誰を三部会に招集するのか、今度は世界の三部会に、とはいえ依然フランスで、それもパリで、しかし革命を経たフランスで開催される三部会に。何はともあれ国民国家の彼方で、これを招集しているのは誰なのか。それも精神分析の、三部会なぞを、あれから二世紀以上も経ったいま、精神分析の誕生と『夢判断』の刊行からは一世紀の時を経たいま、この時代に、そう、フランス革命と、その後を追うように一八四八年の二月と六月に、パリ・コミューン期[†59]に、それから一九一七年に、いずれもヨーロッパで起きたいくつかの革命の記憶を、意識無意識におけるそのアーカイヴを、精神分析と呼ばれるものは、何らかの形で前提としているのではなかろうか、まるでその可能性の中心に刻み込まれてでもいるかのように…と、こんなふうに思いを廻らすこともできるこの時代に、こうして三部会を招集しているのは誰なのか。底知れぬ膨大な記憶、そこには、このうえない残酷さの数々が、すなわち、まだまだこれから考えてゆかねばならぬ親王殺しの残酷さ、恐怖政治の残酷さ、集団的規模での死刑の残酷さ、ロシア革命後の拷問や処刑の残酷さ、夥《おびただ》しい数の犠牲者を生んだショアー、ジェノサイド、強制収容、その他、熾烈をきわめた残酷さは枚挙に遑《いとま》がないが、これらすべてが分かちがたく犇めいているのだ、あたかも、人権の発明と変革の波に晒されている現代国際法の基礎固めとの二つのプロセスが、隔てようのないものであるかのように。ここより生じたのが、人道に対する罪（フランスでは一九六四年以降この罪には時効が適用されなくなった）の糾弾であり、ジェノサイドの糾弾であり、そしてまた、早くも革命暦四年ブリュメール四日[†60]に国民公会[†61]が結んでいた、「遍き平和が公布さる日より」フランス共和国においては死刑を廃止するとの約束であった。この死刑廃止の日がフランスに訪れたのは、実にそれから二世紀近くを経た一九八一年のことであったわけだが、このことは、歴史の階梯について、また、ヨーロッパにおいて、ヨーロッパ連合において、精神分析生誕の地（にして、死刑の廃されたる地）において、「遍き平和の公布」が意味しうるところについて、多くを考えさせてくれるだろう。そう、アメリカ合衆国よりもむしろヨーロッパにおいての話なのだ。西側諸国の、ヨーロッパ系・キリスト教系諸国のなかで、時を経るにつれその露骨さと不当さを増し、粗暴さをも増してゆく残酷さを、だがいまではもう血を見ることのない残酷さを以て、「致死薬注射」という処刑法を保持し、かつ大規模に実施している最後の国、アメリカ合衆国においてではなく。

こうして合衆国への言及を重ねるのも、考えあってのこと、彼の国で、精神分析の命運はまさに勝負所を迎えているのだ、それもおそらく、ひとつならぬ前線で、雌雄を決する戦いに臨んでいるのだ。精神分析と北米の危険な関係、その鬱蒼とした棘だらけの林のただなかで、ほとんど引用されたことのないある一節を、『ある幻想の未来』から拾い上げてみよう。フロイトはそこで、アメリカ国民を選ばれし民に、我こそ父なる神に選ばれたる者と信じて疑わぬひとびとになぞらえ、その原点を成す「父性の核」は「隠されてはいるがあらゆる神の姿のなかに存在している」のだとあらためて説いている。いかなる民族であれ、理想の正義を体現できると思い込むや、「神の観念の歴史的端緒」へと立ち戻ることになる。その正義とは、善に報い、悪を懲らし、少なくとも死後の世においてはそれを行い(これがために死刑の執行は容易になり、また正当化されもする)、亡霊の眼に見えぬ部分を眼に見える部分に付け加え、云々といったものだ。そこでフロイトは、こう言い添える。

神が唯一であったがゆえに、人と神との交わりは、子と父との関係にみられる親密さや強さを取り戻しえたのだろう。父がため多くを為した者は、相応の報いを望んでいた。せめて父に愛さるる唯一の子、選ばれし民たらんと。時代も下り、敬虔なるアメリカは、我こそ神の国〔*God's own country*〕[†62]なりと自負してみせたが、人が神性を崇める様々な形式のひとつを鑑みるに、こうした自負が芽生えるのも無理はなかろう。[*6]

ある選民から別の選民、ある〈父〉から別の〈父〉、世界化を効率よく読み解くためのマトリックスが、そこにはあるのかもしれない。世界化、あるいは、世界総ラテン化〔*mondialatinisation*〕と現今の宗教に関する現象としてわたしが称したもの、顕在的潜在的に、そこで覇権を構築し、かつそれを脅威に晒すもの、そうしたものを読み解かせてくれるマトリックスが。さてここで、お話ししてきたような訳もあって、ほんの一言、ごく手短に、ルネ・マジョールの著作のなかでもこの問題を考えるうえで欠かすことのできぬ二冊、『選挙について』（一九八六年刊）[†63]と『始めに――生、死』（一九九九年刊）[†64]をご紹介しておきたい。とりわけご注目いただきたいのが、『選挙について』の第一章「創設」に展開される、選挙の狂乱についての、また、彼曰くところの「政治的なものが精神分析に対して為す」ことと「精神分析が政治的なものに対して為す」ことについての彼の分析である。同じく「再開」の章でマジョールは少なくとも二度、一九一四年から一九一五年にかけて書かれたフロイトの文章に註釈を加えているのだが、そこでフロイトが残酷さという語を用いているのだ。これについては強調しておかねばなるまい、本質的な、生命をも生み出しかねない両義性を認めつつ、フロイトがこの語を用いていることを。一方で、ある倫理と政治とがそこには含意されており、それが件の残酷さの糾弾へと通じ、その除去へと向かうわけだが、と同時にもう一方で、死や攻撃への欲動も、力への欲動も、ゆえに主権への欲動も、生まれついての、根扱ぎにはできぬ性格のものであることを考えれば、悪の根絶については、いかなる幻想も抱くべからずということになる。ある形象――ある教えと言おうか――が、そこから立ち現れてくるだろう、進歩主義的でありながら悲観主義的で、ある種の啓蒙精神にいまなお忠実でありながらもはや不実な、そんな形象ないし教えが。さて、マジョールが問いを投げかけている部分を以下に引こう。追って、アインシュタインへの返事から、そしてまた、『快原理の彼方』——アインシュタインへの手紙はこれに着想を得ている——の轍《わだち》からも、これに似た記述をいくつか引いてみるつもりだ。それではまず、第一の引用から。

　戦争勃発から数ヶ月後、フレデリック・ファン・エーデンに宛てた書簡[†65]のなかで、フロイトは文通相手にこう語っている。人間の原始的な衝動がわれわれひとりひとりのうちで消え去ることはけしてないだろうし、われわれは抜け目なく、あるいは愚かしく、そうした衝動がまたふと顔を覗かせはしまいかと待ち構えているのだ、と。精神分析は自らの所見から推論しているが、それがどの程度正しいものかは、「きわめて文明的な国々にその責任が帰さるべき諸々の残酷さ［強調はデリダ」や不正、そうした国々が自国の嘘や悪事を敵国のそれとの比較において裁くという型破りな方法」が教えてくれている、と。[*7]

続いて問われるのは、この残酷さと、国家の主権、国家の暴力、そして国家との、そう、暴力と闘うどころかこれを独占している国家との、解きえぬ絆だ。これは何年か後、ベンヤミンの『暴力批判論』(*Zur Kritik der Gewalt*)の主題となるが、これをめぐってはわたしもかつて『法の力』で、法と正義に関する命題をいくつか練ったことがある。この暴力の独占は、主権というモチーフと一体を成している。それはまた、死刑に、国家の権利に、死を以て罰する主権者の権利に、根拠を与えてもきたのだろう。「戦争と死に関する時評[†66]」をつぶさに照らし、マジョールは何を語るのか。と、いう訳で、第二の引用を。

一九一四年の戦争に惹き起こされた幻滅については、二つの理由が挙げられよう。ひとつは、道徳価値の保証人を自任して憚らぬ国家の、道徳意識の低さである。そこで考えさせられるのが、平時には、暴力を廃するためでなく独占するためにこれを禁じ、戦時には、自らと他国を結びつけている条約や協定を恥も外聞もなく蹴散らして、愛国心の名のもと自国民にその是認を迫る、という国家の姿である。いまひとつの理由は、ひとつめのそれの結果と言える。共同体が国家の運営に異議を申し立てなくなると、国民は残酷[強調はデリダ]で不実な行為に、叛逆や蛮行に身を任せてしまうのだ。その姿は彼らの文明の度合いとあまりにも懸け離れており、そんなことがある筈はないと誰もが思ってしまうほどである。*8

このうえなく危機的で、かつこのうえなく決定的な勝負について、なぜ語らねばならないのか。今日ここで、ひとつならぬ前線で、精神分析のために、それもとりわけ、アメリカ合衆国における精神分析のために争われているその勝負について。歴史上の三部会すべてに共通する特徴は何かと問われれば、歴史家という歴史家がこう口を揃えるに違いない。三部会とはつねに危機的契機において招集されるものである、すなわち、ある政治的危機が審議を求めるとき、それも何より、未来をも巻き込む例外的決定を行うべく、発言権の解放を求めるときに、三部会は招集されてきたのだ、と。

さてそこに、避けて通れぬ問いがひとつ。今日における世界の精神分析の危機とは、いかなるものか。あるいはまた、あるいはむしろ、精神分析にとっての世界化の危機とは。それならではの危機とは。それはたんなる――わたしにはそうは思えないのだが――ひとつの危機 *crisis* なのか、やがて過ぎ行く、乗り越えるべき危機 crise なのか、理性としての、ヨーロッパ的な意味での科学あるいは人文学のひとつとしての、精神分析的理性の危機 *Krisis* なのか（なにもフッサールのタイトル[†67]をもじっているばかりではない）。してみると、それはひとつの困難なのか、決定可能な、すなわちなんらかの決定を、クリネイン *krinein*[†68] を、ここでもまた諸々の起源を呼び覚まさずにはおかぬであろうなんらかのクリネインを呼び寄せる、ひとつの困難なのだろうか。

精神分析あるいは精神分析的理性、精神分析的に把握された人間の人間性、延いては精神分析を受ける人権まで、それらが今日、その特徴として、何ものにも還元されえぬその特異性において、何であり、また、何であろうとしているのか、そこがわからぬ限り、これらの問いを聴き取ることすらできぬだろう。いかなる認定基準に、精神分析は拠っているのか。また危機と言えば、なるほどこの知は、精神分析を危機へと追い込むものについての知かもしれぬが、精神分析革命がその手で危機へと追い込むものについての知でもあるだろう。この二つはしかも、抵抗する二つの力――精神分析に対する抵抗と、自らの外部にも自らにも対する精神分析の自己免疫的な抵抗――に劣らず、分かちがたいものであるように思われる。他でもない、対象を危機へと追い込むその力において、精神分析は脅威に晒され、己が危機に足を踏み入れてしまうのだ。第一次世界大戦の後には少なくとも始まっていた世界化において、かくかくの国際法案において、主権の放棄や国際連盟の設立――国際連盟はこのときすでに、戦争や残酷きわまりない大量虐殺に終止符を打つことのできぬその無力さにおいて、国際連合を予表していたのかもしれない――を求めるかくかくの呼びかけにおいて、何がどうにもならないのか、そこが問われるとき、そう、つねに「残酷さ」という語や残酷さの意味をめぐって、フロイトの議論はすぐれて政治的に、またその論理において、このうえなく厳密に精神分析的になってゆくのだ。それは、「残酷さ」(*Grausamkeit*)という語の意味が明白だからではなく、それが作業上欠くべからざる役割を担っているからであって、わたしが問いの重荷をこれに負わせんとするのもそのためなのだ。一度ならずこの語に頼りながら、フロイトはこれを精神分析の論理に、死への欲動と分かちえぬ破壊的欲動についての精神分析の論理に、またも組み込んでしまう。彼はまた一度ならず、「攻撃や破壊から得る快楽」(*Die Lust an der Aggression und Destruktion*)、「歴史における無数の残酷さ」(*ungezählte Grausamkeiten der Geschichte*)、「歴史における数々の残虐行為」(*Greueltaten der Geschichte*)、「異端尋問の残酷さ」(*Grausamkeiten der hl. Inquisition*)といった表現を用いてゆくだろう。[*9] いま一度、『快原理の彼方』でしたように「思弁」という語を用いながら、但しここでは「神話学」という語にそれを結びつけ、彼はこう明言する。この死への欲動は、生命を崩壊させ生命なき物質に立ち戻らせようとつねに働いているが、いくつかの特定の器官（武器はその補綴となりうる）の助けを借りて、外部へと、諸々の「対象」へと向けられるや、破壊への欲動に転ずるのだ、と。

今世紀の精神分析革命と、諸々の出来事――残酷さのある残酷な変化、技術、科学、法律、経済、倫理、政治、それから民族、軍事、テロ、警察まで、今日、さまざまな領域にみられるある変化を構成する諸々の出来事――と、そのいずれとも渡り合えるような倫理、法、そして政治を、打ち立てるとまでは言わずとも、導き出すくらいのことならば、この論理にも、できるだろうか。できるとすれば、さて、どのように。これからいよいよ精神分析的に考えてゆかねばならぬのは、他でもない、残酷さの変化であろう――あるいは少なくとも、年齢不詳の残酷さの、人間くらいには、いや、おそらくは人間より齢を重ねているであろう残酷さの、歴史に刻まれる新たな姿ではあるだろう。精神分析革命は、それがひとつの革命であったとすれば、満一世紀を迎えたところだ。時の経つのは、早いような、遅いような。フロイトからアインシュタインへの返信を、またそれをフロイトの他のテキストへと連結する数々のモチーフを、つぶさに分析しておくべきだったろうか。ここでそれをするわけにもゆかぬので、フロイト的連結におけるある特異な戦略の図式《シェーマ》を抜き出してみよう。「連結」[†69]という言葉を用いるのは、繋いだり外したりを連想させるからで、連結される一方は精神分析、もう一方は倫理、法、経済、政治である。肝心なのは、諸々の境界や地平を（地平もまたひとつの境界なのだから）粗描することだろう、それも、あの独創性がこそげ落とされる地の上の地、底の上の底のようなものとして。そのような境界は、いまだ精神分析と呼ばれるものから思考されたことがないのではなかろうか、精神分析と呼ばれるものによって思考されたことも、そこを起点として思考されたことも。

まず法と権力（*Recht und Macht*）の関係から説き起こし、その一方を他方から派生させてみてはどうかとフロイトは提案する。それも、人類の小規模なホルド[†70]に、欲動の赴くまま敵を殺害していた状態にまで溯る、ひとつの系譜から出発して。暴力から法への移行、これぞ共有への第一歩であり、フロイトもわざわざフランス語で言っているように、力となる団結[†71]である。法は、共同体の権力にもなれば暴力にもなる。共同体は、力を独占することで、個人の暴力から身を守ろうとする。力に対抗する力、先取りによる力の節約、これ則ち法である。この過程を分析するうち、フロイトはこう指摘するに到る。新たな団結には付きものであるこの権力を国際連盟が獲得できなかったのは、個々の加盟国に自国の権利の絶対性を、つまり自国の主権を放棄する覚悟がなかったからだ、と。このことは今日なお真である。つまり、真の意味での国際法は、いまだ存在していないということだ。汎ヘレニズムやキリスト教国、共産主義などの歴史についてフロイトが道々書き留めてゆくことも甚《いた》く興味深いのだが、ここで取り上げうるとすればただ一箇所、彼の返信の第二部、アインシュタインの発言についての註釈、と彼が称するくだりにおいて、平和主義的にして進歩主義的なる希望と、そこで取られるべき責任とを浮き彫りにしながら、幻想の根本的欠如まで浮き彫りにしてしまう部分だろう。そう、憎悪や破壊への欲動は根扱ぎにできぬものとして実在している、と、フロイトは信じて疑わぬのだ。「残酷さ」、攻撃への欲動、憎悪、死への欲動、といった語を幾度となく繰り返し用いながら、彼はある幻想を告発する。残酷さへの欲動の、また権力や主権への欲動の根絶という幻想を。培われねばならないのは(何らかの「ねばならない」がその訪れを告げねばならない、倫理、法律、政治にかかわる何らかの義務の鎖が)、差異を浮かび上がらせる妥協であり、迂回や差延による節約であり、間接的接近の戦略ないし方法(というのもここで問われているのは、道であり、疎通であり、行程であるのだから)[72]であり、すなわち、残酷さへの欲動と闘う間接的な、どこまでも間接的な道なのである。間接的という語は、あたかもこの幻想なき進歩主義の要《かなめ》でもあるかのようにはっきりと口にされている。『道徳の系譜』のニーチェ[73]さながら、フロイトはこう考える。残酷さは逆をもたない、それは生の、力への意志の本質に結びついているのだから、と。逆をもたぬかもしれぬ、あるいはともかく、何ものにも還元することのできぬ残酷さ、それゆえ、いかなる逆であれ、これとは折り合うほかないような残酷さについて、ニーチェとフロイトの残した二重の航跡を辿りつつ、いま一度、わたしに何か語りうることがあるとすれば、こんなところだろうか。あるのはただ残酷さの違いばかり、それも同じ残酷さの、様態、性質、強度、能動性、反応性の違いばかりだ、と。フロイトは例えば次のように書いている(といってもこうした例は、枚挙に遑がないのだが)。

人間の攻撃的性向をなくそうとしても詮無いことです。[…]ボルシェヴィキらもまた、物質的欲求の充足を保証し、共同体の成員間の平等を確立すれば、人間特有の攻撃行為を消し去ることができると考えました。わたしはこれをひとつの幻想と見ています(*Ich halte das für eine Illusion*)。*10

憎しみはなぜ消えないのか、残酷な攻撃へと向かう諸欲動をなぜ根扱ぎにできないのか、そのあたりを説明してから、フロイトはある方法を、実に、間接的牽制策とでも呼ぶべき方法を説き勧める。つまり、そうした残酷な欲動を逸らし、先送りすることで、それが戦争という形で表現されぬようにしようというのだ。彼はまた、こう言い添えてもいる。

わたくしどもの唱える神話学的欲動論から出発すれば、戦争と闘う間接的な道(*indirekte Wege zu Bekämpfung des Krieges*：同時刊行された英訳版ではこの間接的という語に強調が付されている)を指し示す方法など、容易く見出されることでしょう。

間接的方向にせよ、迂回(*Umweg*)の策にせよ、それは——ぞんざいな物言いかもしれないが、これはわたしがここで重視していることの核心ではないのだ——、エロスの拮抗力を、愛を、そして生への愛着を、死への欲動に対抗させることなのだ。ということはつまり、残酷さへの欲動に終わりがなくとも、逆はある、ということだ。対立に終止符を打つような限りはなくとも、対立させうる項はある、ということだ。タナトスとエロスの拮抗を利用するこの間接的知謀は、二つの仕方で、すなわち、二つのタイプの絆を、それも感情の絆を培うことで、実行に移される。第一のそれは、愛しい者へ、愛の対象へと、われわれを結びつける絆だ。そこに性的な意図はなくともかまわない。精神分析は頬を染めることなく愛を語るべきだ、と、フロイトは言い添える。宗教がしているように、宗教と同じ言葉で、愛を語るべきなのだ、と。どんな宗教の言葉でもよいわけではない、とは敢えて言わずに、彼はその「言葉」を引くだろう（「汝自身を愛するが如く汝の隣人を愛せよ」）。そして、言うは易く行うは難し、と、ちくり、微笑みを浮かべながら。だがこの「汝自身の如く」が、第二の絆を規定する。鎖を断たん、縄を解かんと猛り狂う感情を抑えに来る第二のタイプの縛り、ないしは義務を。またしても「間接的」という語を用いながら（« *Die anderen Wege einer indirekten Verhinderung des Krieges* », « *another suggestion for the indirect combating of the propensity to war* »,「戦争への傾斜と間接的に闘うことを勧める第二の誘い[*11][†74]」）、フロイトは、人間の不平等を考慮に入れるよう提案する。あらゆる人間が生まれながらにもつ、根扱ぎにできぬ不平等、人間を二つの階級に、すなわち、首長、指導者、首謀者（*Führer*）と、そして、それよりはるかに数の多い、指導者に付き従う者たちから成る従属的大衆（*Abhängige*）との二つの階級に分割する不平等を。そこで必要となるのが、上層を成す人間の教育である。独立した精神をもち、威嚇に屈せず、真理を追求してやまない、そんな人間を教育して、従属的大衆を統率する立場に立たせねばならない。勿論、国家や教会は、そうした精神の持ち主が輩出されることに、とかく歯止めをかけたがる。理想は――と、フロイトは言い、ユートピアという語すら口にする――、欲動に衝き動かされる生を「理性の独裁」（*Diktatur der Vernunft, dictatorship of reason*）[*12]に従わせることにその自由を見出すような共同体だ、と。文化、文明、歴史に関するフロイトの哲学は、些か簡略なこの手紙でも例にもれず、やはりあのモチーフへと立ち戻ることになる。さまざまな欲動の力を、つまりはある残酷さを、いかなる手を講じようと破壊しえぬ残酷さを、戦争や殺戮をもたらし、また、フロイトの言葉を借りるなら、敵対者の殲滅にさえわれわれを導きうる残酷さを、間接的に移動させ、また制限することで、何らかの進歩がもたらされるとする、あの目的論へと。この醒めた進歩主義と合理主義、この新たな啓蒙主義、それらを構成する稜のうち、現代を生きるわれわれにとって、もっとも雄弁にしてかつもっとも問題含みなものとは、さて、何なのか。

一、まずは、間接的方向という難解な概念。これは、ある種の非直線性、斜めだったり、角があったり、途中に何か挟まっていたり、とにかく、まっすぐには進めぬありようのことである。この概念については、フロイトのテキストに凭《もた》れかからず、よくよく注意を払わねばと思っているのだが、これが意味するのは、迂回や戦略上の策略、容赦ない力との持続的妥協——例えば残酷さや至高の権力を求める欲動とのそれ——ばかりではない。フロイトならこんなことは言わぬだろうし、況してこんなふうに言おう筈もないのだが、わたしにはどうも、この間接的なものという概念が、迂回という媒介のうちに、根本的な不連続を、不均質を、飛躍を、考慮に入れているように思われてならぬのだ。いかなる精神分析的な知であれ、それ自体では、推進も許可もできそうにない、倫理的なものにおける（それゆえまた、法律的なものや政治的なものにおける〉不連続や不均質、そして飛躍を。〈愛／憎しみ〉の極性〈アインシュタインに敬意を表し、彼はこれを〈引力／斥力〉の極性になぞらえている〉についてフロイトは、〈保存／破壊〉という極性と同じく、「善悪」[*13]を評価するような倫理的判断に軽はずみに委ねられるべきものではない、と明言する。精神分析家というものそれ自体は、残酷さや主権を倫理的観点から評価すべきではないし、その価値を貶めたり、失わせたりすべきでもない。何より、拮抗する二つの欲動の力の鬩《せめ》ぎ合いなくして生はない、ということを、分析家は知っているのだから。残酷さへの欲動にせよ、主権への欲動にせよ、精神分析的な知それ自体には、それらを糾弾する手段も権利もありはしない。この点について言えば、それは、知である以上、決定不可能なものに関して中立的な立場にある筈だし、また、あり続ける筈だ。そこに生じてくるのが、精神分析の「とまどい」と、わたしが呼ぶところのものである。決断に踏み切るには、飛躍が必要だ、精神分析的な知それ自体から外へと放り出してくれるような飛躍が。この裂孔に、責任をもって決断を下すチャンスが、あるいはリスクが開くのだ。そう、可能なものにかかわる知には、到底手の届かぬところに。つまり、精神分析と、倫理、法、政治とのあいだには、いかなる関係もないということか。いや、そこには間接的で不連続な影響関係があるし、あるべきなのだ。精神分析というものそれ自体は、たしかに、いかなる倫理も、いかなる法も、いかなる政治も、生み出しもしなければ、もたらしもしないが、これら三つの分野においては、精神分析的な知を考慮に入れているか否かが、責任にかかわる問題となるのだから。任務は——それはどこまでも果てしなく広がっているのだが、そのすべてが手つかずのままだ——、精神分析家が、また、あらゆるひとが、市民、世界の市民、メタ市民、誰であれ責任（倫理、法律、政治にかかわる）を気に懸ける者すべてが負うべきその任務とは、不均質を、決定不可能なものへの飛躍を、可能なものの彼方を——ここに言う可能なものとは、精神分析的な知や経済が対象とするもののことであり、死への欲動や諸原理の彼方を論じたフロイトの神話学的言説におけるそれも含まれている——、何に還元することもなく、精神分析的理性を考慮に入れる段取りをつけることである。輪郭の取りづらいこの場所で、決定不可能性の空間で、つまり、間接的なものの不連続性に開かれる決定の空間で、倫理、法、そして政治は、いつか変容を遂げ、精神分析的な知を考慮に入れるべきだろうし（これは何らかのプログラムをそこに見出すべきだということではない）、分析の共同体もまた、歴史を、それもとりわけ法の歴史を考慮に入れるべきだろう。この法の歴史に最近起こった、あるいはいままさに起こりつつある行為遂行的な変化の数々に、精神分析の共同体は、例外もないではないが、まあ概して、関心を寄せたこともなければ、力を貸したこともないのだから。とはいえ、双方いずれにおいても、ここではすべてが手つかずのままであるようだ。

二、欲動の極性の記述には、いかなる倫理的評価も含まれておらず、破壊欲動を厄介払いしようという考えには、いかなる意味もありはしない——何しろこの欲動がないことには、生そのものが止んでしまうのだから——、と念を押すときですら、フロイトは、生に、生物の生命に、生物の生命の自己防衛の経済に、すなわち極性を成す二つの極の一方に、倫理的・政治的合理性の一切が根ざしていると主張して止まず、また傍目にも明らかなほどそこに固執している。また彼は、この合理性の名のもとに諸欲動の力を従わせよう、ないしは抑えようと提案する。かくして彼は、生によって、生物の生命によって、生命に対する権利〔＝生きる権利〕の正当性を説くこととなる（それゆえ、戦争のみならず死刑についても、これを糾弾することの正当性が暗に説かれることとなる――「生命に対する権利」を人権に付け加えることで、[†75]ここ半世紀に結ばれた国際協定の多くは死刑の残酷さに立ち向かってきたのかもしれないが、それとて匂わす程度の話に過ぎず、有罪が言い渡されるわけでなし、況してこの件に関して主権国家が拘束されたためしはないのである）。生命に対する権利について、すなわち、人はみな「自分自身の生に関する権利」を保持している[*14]（*jeder Mensch ein Recht auf sein eigenes Leben hat*）という事実について、そう言って差し支えないだろう、と、フロイトは、アインシュタインへの書簡のなかで、はっきりと認めている。とはいえ、これを論証する彼の手つきは慎重だ。「共同体もまた個人の生に関する権利をもつべきではないのか」という問いは、彼の眼には、まだ開かれたままなのである。というのも、彼の確言する如く、「あらゆる種類の戦争を等し並みに糾弾することはできない」のだから。彼はそこで一歩退き、ある立場をとるのだが、それを正当化しようと、法や権利を持ち出すわけでもなければ、純粋実践理性や定言命法[†76]といった倫理学に縋《すが》るわけでもない。いともあっさり、彼は退いてしまうのだ、個人的嗜好や生物学的性質、さらには特異体質や性癖のデータへ、つまり各人の体質や気質へ、要するに、各人にとって可能なことの経済のなかで各人が為しうることへと。「われわれが」とフロイトは言う［このわれわれとは、「理性の独裁」を残酷な欲動より上位に位置づけたひとびとのことである］、「われわれが平和主義者であるのは、生物としての、生まれついての理由によって（*aus organischen Gründen*）、そうあらざるをえないからです」。戦争や残酷さに対するわれわれの拒絶反応は、知性的なものや感情的なものばかりではない、と彼は付け加える。「われわれ平和主義者において、それは体質的な不寛容、いわば極端なところまで押し進められた特異体質であるとも言えましょう。また、戦争の美的価値の下落も、その［＝戦争の］残酷さに劣らず、われわれの反戦意識に少なからぬ影響を及ぼしているように思われます[*15]」。

「わたしの申し上げてきたことがあなたのご期待に添えぬようでしたら、何卒ご容赦いただきたく存じます。」(« *Ich grüße Sie herzlich und bitte Sie um Verzeihung, wenn meine Ausführungen Sie enttäuscht haben.* »; « *I trust you will forgive me if what I have said* [*has*] *disappointed you...* ») これが、フロイトからアインシュタインへの最後の言葉、彼に心からの敬意を表するその言葉である。

こうして忍耐強くご清聴いただきながら、ご期待に添えぬどころか、これを踏みにじることとなってしまい、こんどはわたしがあなたがたにご容赦を乞いつつ、さて、結論を急ぐこととしよう。味も素っ気もなくプログラム通りに——言うなれば、電報の如く。そして、代数の如く、つまり、過剰に形式的に。精神分析三部会もじき幕を下ろそうといういま、わたしがこうして片づけようとしていることが、精神分析の任務や地平を明らかにするのかどうか、わたしにはわからない。わたしにとってはむしろ、これから考え、為し、生き、耐えてゆかねばならぬものの方が肝心なのだ。快楽のあるなしにかかわらず、しかしアリバイはなしで、地平や任務と呼びうるものの彼方で、ゆえに、必要なばかりか可能でもあり続けているものの彼方で、考え、為し、生き、耐えてゆかねばならぬものこそが。というのも、わたしがこれから韋駄天走りにその名を明かしに行こうとしているものとは、ある任務の地平を突き破るもの、すなわち、可能なものとして来たるべき〔*devoir*〕ものについての予想を超えるものなのだから。それとも、可能な義務〔*devoir*〕として来たるべきもの、と言うべきか。あらゆる理論知の、ゆえにあらゆる事実確認の彼方へ、またのみならず、あらゆる権力の、とりわけあらゆる行為遂行的制度の彼方へと。わたしが名を明かそうとしているものは、可能性と能力の経済に、つまり「私にはできる」の経済に挑みかかる。実にこれは、語のあらゆる意味における経済[†77]に、すなわち、固有のものの法（*oikonomia*）の、家庭の奉公人の経済、主権国家の、所有権の、市場の、資本の経済、我有化の諸様式の経済、さらには、フロイトが心的経済とも呼ぶものすべての経済に及ぶ問題なのだ。そこでわたしが頼みにするのが、経済の彼方、つまりは我有化しうるものの彼方、可能なものの彼方である。勿論、死への欲動や力への欲動についての、ゆえに、残酷さや主権についての、いわゆる「神話学的」な思弁に、経済はすでに挑みかかられているではないか、とお考えの向きもおられよう。死への欲動が、すなわち快原理や現実原理の彼方が、経済を欠いているように見られてもおかしくはない。何が経済を欠いているといって、破壊を、残酷さを凌ぐものがあろうか、と言うひともあるだろう。

実に、この経済を欠いたものを、可能なものの経済のなかへ引き戻そうと、つまり、計算や予測ができる形でこれを考慮に入れ、説明しようと、フロイトは余念がないのだが、それをとやかく言うわけにもゆくまい。とにかく端から手当たり次第に、この可能なものの経済に還元してしまうのだ。知であろうと倫理であろうと、法であろうと政治であろうと。よしんば間接的なものによる迂回を考えに入れたところで、また、間接的なものが裂孔を前提しているとしても、フロイトによるフロイト解釈の顕著な傾斜を追う鍵となるのは、可能なものの戦略、つまり経済的条件《コンディショナリティ》の戦略なのである。すなわち、我有化であり、「私にはできる」(*I can, I may*)という能力としての可能性であり、行為遂行的なものの制御である。なにしろ行為遂行的なものという奴は、自ら惹き起こした出来事を、出来事の他者性を、到来者の到来を、頭から押さえつけ、(象徴的に、まさしく「象徴的なもの」の秩序において)これを骨抜きにしてしまうのだから。

さて、そこでこう請け合おう。たしかに無条件なものへの言及もなくてはならぬのだが、主権を持たず、それゆえ残酷さも持たぬ無条件なものが、おそらくは、おそろしく思考しづらいものが、そこにはあるのだ。それは、経済的、象徴的に付与されるあの条件が確定されるためにも必要なことなのだ。わたしが前へと進めるこの言明、それは自ら前へと進んでゆく、前へ、前もって、前に、わたし抜きで、アリバイもなく、原初の言明として。そう、それを起点に、そしてそれゆえ、その彼方で、死への欲動や力への欲動が、残酷さや主権が、諸原理の「彼方」として確定される、そんな原初の言明として。原初の言明、こんなふうに前もって前へと進むそれは、与えられるというよりむしろ貸し与えられるものなのだ。それは原理でも、君主の位でも、主権でもない。とある彼方の彼方から、可能なものの経済の彼方から、やって来るものなのだ。それはひとつの生にしがみついている。たしかにしがみついているのだが、それは可能なものの経済のそれとは別の生であり、おそらくは不-可能な生、いつか可能となる生であり、生を超えた生[†78]であり、何によっても象徴することのできない、しかし、生きられるに値する唯一の生なのだ。アリバイなしで、これを限りと、生き抜くだけの価値があり、そこから(まさにそこから出発することで)生というものについての思考が可能となる、そんな唯一の生なのである。そう、ただひとたび、これを限りと、生きられる価値をいまなお有している、ひとつの生についての思考が。例えば平和主義について、あるいは生命に対する権利について、その正しさを説かんとして、生命の経済から、あるいは、先ほどお話ししたような、生物学的体質や特異体質といった名のもとにフロイトが言い立てることから出発していては、根本的には、それは為されえない。ある生を超えた生を、神話学や神学に語られる彼方のようなアリバイに何ら負うところのない生を超えた生を起点とせぬ限り、それは為されえないのだ。

彼方の彼方についてのこの原初の言明は、不可能なまでに無条件なものの多数の形象から出発して為されている。そのいくつかについては、これまでにも他の場で論じてきた。歓待、贈与、赦し――そして何より、予測不可能性、「…かもしれない」、出来事についての「もし…だったら」、来訪ならびに他者一般の来訪、その到来。それらの可能性は、否定的ではない不‐可能なもの[†79]の経験として、つまり、いずれは可能となるであろうもの、可能となろうとしているものの経験として、つねにその訪れを告げているのだ。

出来事に、来訪に、予測不可能な到来者の訪問[†80]に、歓待の意をもって身を晒すこと、これを任務の地平とすることはできない。他者の予測不可能な来訪という経験において、また到来者の到着に際して、何がしかの特権を握っている精神分析にとってすら、それはかなわぬ相談だ。とはいえ、精神分析には、新たな精神分析的理性、新たな精神分析的啓蒙主義には、おそらく、明日にもその任務となりうることがある。革命だ。革命という革命が皆してきたように、不可能なものと妥協し、交渉不可能であり続けていた交渉不可能なものと交渉し、無条件に無条件なものを、無条件なものの依怙地な無条件さを相手に算盤をはじく、そんなひとつの革命だ。

　この精神分析的理性の革命については、三つの審級から成る不均質な秩序をすぐさま見てとることができよう。三つの次元〔／階級〕や三つの状態〔／身分〕とは敢えて言うまい[81]。次元は、いや階級は、呼びかけ、集め、繋がねばならぬのだ、繋がりが外れる線を――あるいは、繋ぎえぬものを囲う縁を――踏んでしまうそのときまで。とりあえず便宜上、これらの次元を整理するためにも、これまでにも一度ならず頼みにしてきた言語行為のカテゴリーを使わせてもらうこととしよう。ひとつは、事実確認的なもの（すなわち、理論知や科学そのものの次元、中立的記述の次元、実際にあることをありのままに考慮に入れること）、いまひとつは、行為遂行的なもので、これは、「私にはできる」という能力ないし可能性、あるいは「私はせねばならない」（但し、私にできることを）という義務で、また約束の、誓約の、ゆえに法の、象徴的なものの秩序で、制度的なもの一般を、倫理的、法律的、政治的な責任を、またここではとりわけ精神分析的な責任をカバーするだろう。

さて、三つの審級、あるいは三つの状態とは。

一、事実確認的なものの次元、すなわち、行為遂行的なものと対置されがちな、理論的かつ記述的な知の次元において、精神分析はいつの日か、知の全体を真摯に考慮し、厳密に説明することとなろう。そう、誰あろうフロイトが言い渡していたように、知の全体を、それもとりわけ、純粋なものとされている精神現象を取り巻く数々の科学的な知の全体を（有機体、生命、遺伝子にかかわるそれら、またその理論上、治療上の力を――忘れはすまい、われわれのテーマが、痛み、苦しみ、悩み、そして責め苦であったことを）、また、これと不可分な科学技術の変化を、そして、行為遂行的な指示の次元で知に根拠を与えるものすべてを（ここでいう知とは、例えば、法の、道徳の、政治の歴史である。それも、到来するものの、例えばいまこのときに到来するものの歴史としての)。

二、行為遂行的なものの次元、知り、記述しているだけでは済まないこの次元、たとえ指示や処方であっても、それでは済まぬこの次元では、精神分析も自ら責任を負い、自らの法、制度、規約、規範、等々を編み出し、編み直してゆかねばならない。あなたがたがここに会しておられるのもそのためだろう、と、わたしは思っているのだが。精神分析がそうしたことに取り組んでゆくうえでまず考慮に入れねばならないのは、その固有の知、独特なことこのうえない、不撓不屈のその知であり(例えば残酷さについての、苦しめたい、苦しませておきたい――それも慰みに――という欲望についてのそれ)、そしてまた、いまこの時代に起こっていることである(それは例えば、さまざまな場の変容――政治と法律、社会、経済、それぞれの場や、市場、また市場にあって科学技術にも属するものの変容――であり、またわたしが念頭に置いているのは、主権の、ゆえに残酷さの諸問題であり、法的な行為遂行的発話の数々、例えば、再考さるべきわれら人間の人間性、人権、人道に対する罪、ジェノサイドの罪、法の国際化、言語間戦争、ゆえに言語の概念、国語であると否とにかかわらぬその概念、等々に関する法的な行為遂行的発話の数々である）。くどいようだがここは強調させていただきたい。事実確認的な知の秩序と行為遂行的な制度の象徴秩序とが連結――あくまで間接的とはいえ――されたとしても、ある絶対の裂孔を約《つづ》めることも避けることもできはしない。まさしくひとつの裂孔のように、物を言う口や血を滴らす傷のそれのように、いつまでもけして閉じることのない、ある不均質なものの裂孔を。間接的なものの間接的方向はそこで、他者を、間接的な他者を、間接的方向における無限の他者性を、そして他律を経てゆくだろう。つまりそれは、ある絶対の断絶をここに浮かび上がらせるのだ。間接的方向というものの、別の概念ないし別の構造を。この不連続が飛躍を呼び、この中断が機会をもたらす。脅かされては脅かし、傷つけられては傷つける、そんな機会をもたらすのだ、責任に、それとも、古典的な人文主義の哲学者たちが自由と呼んでいたものに、あるいは輪をかけて問題含みな言い方をしてみるなら、彼らが主体の自由と呼んでいたものに。そんな自由な責任が、たんに知るというだけの行為から、導き出されはしないだろう。

三、さていよいよ、もっとも困難なものの彼方から、不‐可能なもののお出ましだ。出来事を記録したり惹起したりするときでさえ、事実確認的なものや行為遂行的なものの次元は、能力や可能性の次元にとどまっている。つまり、取り戻しうるものの経済に属しているのだ。ところが出来事は、出来事の名に値する出来事の来訪は、予測不可能なその他者性は、到来者の到来は、易々と超えてしまうのだ、いかなる能力も、いかなる行為遂行的なものも、いかなる「私にはできる」もいかなる「私はせねばならない」さえも、また、決定可能な状況下でのいかなる義務も負債をも。どこであれ、法と行為遂行的なものさえあれば、たとえそれらが他律的であろうと、そこにはたしかに出来事や他者が存在しうる筈なのだが、それらは瞬く間に骨抜きにされ、行為遂行的な力や象徴秩序の手に戻されてしまうのだ。他者の無条件の来訪、先取りできず地平をもたぬその出来事、その死、もしくは死そのもの、まさに、こうしたことどもの不意の訪れこそが、事実確認的なものと行為遂行的なもの、知と象徴的なものという二つの秩序を、搔き乱しうるのだろうし、また、搔き乱すべきなのだろう。それもおそらく、あらゆる残酷さの彼方で。

あなたがた精神分析家のみなさんは、それをご存じだ。誰よりもよく知っている筈だし、知っているべきなのだ。それが証拠に、あなたがたは知っていると思うだけでは事足りず、不 - 可能なものへと飛躍する術を知り、身につけたのだ。そう、とある余所者の訪問にその身を晒し――その余所者は、あなたがたに挨拶に来たのだが、たしかに感謝のしるしとして挨拶に来たのだが、そこで挨拶が為されるという保証もなく、いかなる危険も覚悟のうえで――、ほとんど無条件とも言うべき歓待を、恩寵の如く贈り与えることによって。

余所者は、悪いことは悪いと言う。彼はもう、君主も至高のものも信じていない、最高善も絶対悪も。

彼はそれを耐えるよりほかないのだが、それでもなお願っているのだ、おわかりいただけようか、それを誰かに知らしめたい、と。

残酷さのかけらもなく、彼の言葉に耳を貸してくれるであろうひとびとへ、ささやかなる感謝を込めて——そして、アリバイもなく。

アリバイ、という言葉が口にされることは、そうそうない。犯罪の匂いがなければ、なおのこと。犯罪、という言葉が口にされることも、そうなかろう。残酷さがそこに、影を落とさぬ限り。

追伸

「アリバイなし」？　「残酷さの影」なくして「犯罪」もなし？　ほんとうに？

そこへふたたび浮かび上がってくるのが、「汝殺す勿れ」の問題だ。だが、誰を。実のところ、正確に言って。フロイトは、先にみたように、正当な戦争の必要性を認めているようだった。

だが、わたしのこの挨拶の最後の言葉、すなわち「犯罪」は、「残酷さの影」なくしてありえないとされるそれは、冒頭の仮説の最初の言葉とかみ合うだろうか。つまり、精神分析とは——と、わたしは切り出したわけだが——、「快楽のために」苦しむことの残酷さ、そのように苦しめることや苦しませておくことの、自分を苦しめることや自分を苦しませておくことの残酷さ、自分で自分を、一対一で、男同士、女同士、複数の者同士、その他さまざまなひとびとが絡み合い、人称や、暗に示される動詞の法——能動態、受動態、中動態、他動詞、自動詞、等々——を総動員して、苦しみ、苦しめ、苦しませておくことの残酷さ、そんなさまざまな残酷さを、仮想的に言い換えてみる唯一可能な、それもアリバイなしに唯一可能なアプローチなのかもしれない、というあの言葉と。だが一歩間違えば、こうした前提と裏腹に、いま読まれたあの結論も、二つの犯罪の差異を、「汝殺す勿れ」に背く二つの行為の差異を裏打ちするものと取られかねない。すなわち、他者を殺すこと、彼のうちにある他者であれ自分のうちにいる他者であれ、とにかく他者を殺すことである殺人と、自殺と呼ばれている行為、すなわち自分自身に対する犯罪との二つのあいだに横たわる差異を。ある種の責任原理の重みを損なわずして、この差異を消すことはできぬだろう。だがわたしは、たとえ性急に過ぎようと、こう言わずにはおれぬだろう、その差異は、無限でありながら無に等しいものなのだ、と。ひとはこれに眼をつぶろうとするだろうが、そこにこそ、きっと、この残酷さの起源が、そしてまた、答えの出せぬ問いとしての残酷さの意味があるのだろう。これについてわれわれは、初めに問いを投げていたのだ、読者のみなさんもすでにお気づきのように、それに対する答えはついに得られなかったが。何なのか、これは、この残酷さというものは。それは、どこに始まり、どこに終わるのか。殺さないことが、時に残酷であるとしたら。それとも、ふたりして互いに殺し殺されたいと欲することが、愛だとしたら。ふたりで、ひとりがもうひとりを、ひとりがもうひとりのために、いちどきにであれ、順繰りにであれ、殺したい、殺されたいと欲することが、愛だとしたら。はたまた、残酷なことをしているのではないか、したがっているのではないか、と、疑える相手が誰ひとりとしていないのに、「わたしのうちで、ある自我《わたし》のうちで、それが酷く苦しんでいる」などということがあったとしたら。誰ひとり残酷な者がいなくとも、残酷さは存在する、ということになるだろう。いかなる犯罪も、いかなる起訴も反訴も、いかなる裁判も、そしていかなる権利もなく。残酷さは、存在する。いかなる人物像より先に、「残酷な」という語が属性となるより先に、況してやそれが誰かの過ちとなるより先に、残酷さは、存在していたのだろう。

　そこから、ある悪意的な結論が引き出されよう。数多をさしおき、悪意に触れる結論が。悪意そのものに、悪の悪戯に、そして、出会いの偶然性に、愛に包まれた出会いであれ、憎しみに覆われたそれであれ、出会いというものの偶然性に触れる結論が。もしも赦しが乞われうるなら、危害、過失、犯罪、侮辱、わたしの所為で他人が犠牲となる諸々の行為について、良識に鑑み、赦しを乞うことができるなら、わたしもまた、自らをして自らの蒙る害を赦さしむるべきではなかろうか。「ごめんよ、ぼくもつらいんだ、誰に何されたわけでもないのに、そのせいで、きみまで苦しめてしまって、ぼくだって、そんなつもりはなかったんだ、まったく、どうすればいいんだ…」

avoir mal〔悪を持つ→痛い、苦しい（「つらい」）〕、誰かに対して *faire mal*〔悪を為す→痛めつける、苦しめる〕、*vouloir du mal*〔悪を願う→呪う、恨む（「何する」）〕、*en vouloir*〔何ごとかを望む→恨む〕、こうして書いているいまから、翻訳者の苦悩が思い遣られる。彼は彼女は、*avoir à faire mal*〔苦しめねばならない〕という言い回しを成す三つの語 *avoir*〔持つ〕‐*faire*〔為す〕‐*mal*〔悪、痛み〕の一語一語をどうにか尊重できぬものかと腐心することだろう、*vouloir du mal* に至っては言わずもがな。一寸見には不可能に思われる翻訳。これらの語の、

これら重要きわまりない語の、すなわち、*avoir, faire, vouloir*〔欲する〕、そして*mal* の、前代未聞にして絶対的に特異な布置を、こんなふうに用立て、受け容れうる言語というのは、フランス語を措いてほかないように思われる。

——それにわたしも一枚かんでいるというのかね、この翻訳の不可能性という奴に。経済性にしたがって、逐語的に訳してゆくことの不可能性に。

——そんなことはあるまい、言うまでもなく、それは言語における話だ。きみはそのおこぼれに与っているわけさ。

——いや、とんでもない、わたしがどうすると思うね、この遺産を。その真相を暴いてやるのさ。

——アリバイは、まだかわせるのか。もう手遅れではないのかね。

二〇〇〇年七月十六日

アリバイなし

紛れ込んだか、掻い潜ったか、[†82]「アリバイなし」という奇妙な表現が、現れては消え、消えては現れる、執拗に、二〇〇〇年七月に精神分析三部会で行われたこの講演の、そこかしこに。それが、全篇にリズムを与える。結論《コーダ》に到るまで、ずっと。「アリバイ、という言葉が口にされることは、そうそうない。犯罪の匂いがなければ、なおのこと。犯罪、という言葉が口にされることも、そうなかろう。残酷さがそこに、影を落とさぬ限り。」それは、神出鬼没だ。精神分析が定義されてからというもの、ずっと。「とはいえ「精神分析」とは、神学その他のアリバイをもたずに、精神の残酷さに固有なものへと眼を向けるものの名ではあるだろう。又候、ここだけの話をご容赦いただくなら、わたしにとって精神分析とは、「アリバイなし」の別名なのだ。

ある「アリバイなし」の告白。そんなものがありうるとすれば、の話だが。」

　こんな「アリバイなし」たちのあいだに、立ちはだかるのだ、ひとつの問いが。

「…さてそこに、避けて通れぬ問いがひとつ。今日における世界の精神分析の危機とは、いかなるものか。あるいはまた、あるいはむしろ、精神分析にとっての世界化の危機とは。それならではの危機とは。それはたんなる――わたしにはそうは思えないのだが――ひとつの危機 *crisis* なのか、やがて過ぎ行く、乗り越えるべき危機 crise なのか、理性としての、ヨーロッパ的な意味での科学あるいは人文学のひとつとしての、精神分析的理性の危機 *Krisis* なのか(なにもフッサールのタイトルをもじっているばかりではない)。してみると、それはひとつの困難なのか、決定可能な、すなわちなんらかの決定を、クリネイン *krinein* を、ここでもまた諸々の起源を呼び覚まさずにはおかぬであろうなんらかのクリネインを呼び寄せる、ひとつの困難なのだろうか。精神分析あるいは精神分析的理性、精神分析的に把握された人間の人間性、延いては精神分析を受ける人権まで、それらが今日、その特徴として、何ものにも還元されえぬその特異性において、何であり、また、何であろうとしているのか、そこがわからぬ限り、これらの問いを聴き取ることすらできぬだろう。いかなる認定基準に、精神分析は拠っているのか。また危機と言えば、なるほどこの知は、精神分析を危機へと追い込むものについての知かもしれぬが、精神分析革命がその手で危機へと追い込むものについての知でもあるだろう。この二つはしかも、抵抗する二つの力――精神分析に対する抵抗と、自らの外部にも自らにも対する精神分析の自己免疫的な抵抗――に劣らず、分かちがたいものであるように思われる。他でもない、対象を危機へと追い込むその力において、精神分析は脅威に晒され、己が危機に足を踏み入れてしまうのだ。第一次世界大戦の後には少なくとも始まっていた世界化において、かくかくの国際法案において、主権の放棄や国際連盟の設立――国際連盟はこのときすでに、戦争や残酷きわまりない大量虐殺に終止符を打つことのできぬその無力さにおいて、国際連合を予表していたのかもしれない――を求めるかくかくの呼びかけにおいて、何がどうにもならないのか、そこが問われるとき、そう、つねに「残酷さ」という語や残酷さの意味をめぐって、フロイトの議論はすぐれて政治的に、またその論理において、このうえなく厳密に精神分析的になってゆくのだ。それは、「残酷さ」という語の意味が明白だからではなく、それが作業上欠くべからざる役割を担っているからであって、わたしが問いの重荷をこれに負わせんとするのもそのためなのだ。一度ならずこの語に頼りながら、フロイトはこれを精神分析の論理に、死への欲動と分かちえぬ破壊的欲動についての精神分析の論理に、またも組み込んでしまう。彼はまた一度ならず、「攻撃や破壊から得る快楽」、「歴史における無数の残酷さ」、「歴史における数々の残虐行為」、「異端尋問の残酷さ」といった表現を用いてゆくだろう。いま一度、『快原理の彼方』でしたように「思弁」という語を用いながら、但しここでは「神話学」という語にそれを結びつけ、彼はこう明言する。この死への欲動は、生命を崩壊させ生命なき物質に立ち戻らせようとつねに働いているが、いくつかの特定の器官（武器はその補綴となりうる）の助けを借りて、外部へと、諸々の「対象」へと向けられるや、破壊への欲動に転ずるのだ、と。

今世紀の精神分析革命と、諸々の出来事——残酷さのある残酷な変化、技術、科学、法律、経済、倫理、政治、それから民族、軍事、テロ、警察まで、今日、さまざまな領域にみられるある変化を構成する諸々の出来事——と、そのいずれとも渡り合えるような倫理、法、そして政治を、打ち立てるとまでは言わずとも、導き出すくらいのことならば、この論理にも、できるだろうか。できるとすれば、さて、どのように。

これからいよいよ精神分析的に考えてゆかねばならぬのは、他でもない、残酷さの変化であろう——あるいは少なくとも、年齢不詳の残酷さの、人間くらいには、いや、おそらくは人間より齢を重ねているであろう残酷さの、歴史に刻まれる新たな姿ではあるだろう。精神分析革命は、それがひとつの革命であったとすれば、満一世紀を迎えたところだ。時の経つのは、早いような、遅いような……」

この道を歩みながらずっと、わたしが考えようとしてきたこと、わかろうとしてきたとは言えぬにしても、考えようとはしてきたこと、それは、不‐可能なものの可能性、死への欲動の彼方、権力への欲動の彼方、残酷さや主権の彼方にある、とある不‐可能なものの可能性であり、そして、とある無条件の彼方である。そう、至高の、ではなく、無条件の。

この彼方(すなわち、快原理の彼方の彼方)、これもまた、アリバイなのか。アリバイなしでいること、「他のどこにもいない」こと[†83]、さて、そんなことが、いまだ可能であるのだろうか。これを限りと、それとも、一度ならず。

原註、訳註

＊原　註

1 *Pourquoi la guerre?*, *Œuvres complètes*, XIX, 1931-1936, Paris, PUF, tr. J. Laplanche *et al.*, p. 66: « *As one immune from nationalist bias, I personally see a simple way of dealing with the superficial (i.e. administrative) aspect of the problem: the setting up, by international consent, of a legislative and judicial body to settle every conflict arising between nations. Each nation would undertake to abide by the orders issued by this legislative body, to invoke its decision in every dispute, to accept its judgments unreservedly and to carry out every measure the tribunal deems necessary for the execution of its decrees.* »〔アルベルト・アインシュタイン、ジークムント・フロイト「なぜ戦争を」『全集』巻十九、一九三一―一九三六、PUF、ラプランシュ他訳、六六頁。邦訳『ヒトはなぜ戦争をするのか？――アインシュタインとフロイトの往復書簡』浅見昇吾編訳、花風社、二〇〇〇、一三頁（本書における当該箇所の邦訳は同書からの引用ではなく訳者によるもの。以下同）〕

2 *Pourquoi la guerre?*, *loc. cit.*〔前掲書、一四頁〕

3 *Ibid.*, p. 67.〔同、一七頁〕

4 *Ibid.*, p. 68.〔同、一九頁〕

5 Elisabeth Roudinesco, « Freud et le régicide: éléments d'une réflexion », *Revue Germanique Inter-*

nationale, 14/2000 (sept. 2000), pp. 113-126.〔エリザベート・ルディネスコ『フロイトと王殺し――ある考察の材料』〕

6　*L'Avenir d'une illusion*, tr. M. Bonaparte, Paris, PUF, 1971, p. 27.〔『ある幻想の未来』。邦訳「ある錯覚の未来」『フロイト全集20』高田珠樹訳、岩波書店、二〇一一、二〇頁〕

7　René Major, *De l'élection*, Paris, Aubier, 1986, p. 88-89; lettre du 28 décembre 1914.〔ルネ・マジョール『選挙について』より、一九一四年十二月二十八日付け書簡〕

8　*De l'élection*, *op. cit.*, p. 90-91.

9　*Pourquoi la guerre?*, *op. cit.*, p. 76-77.〔邦訳「戦争はなぜに」『フロイト全集20』高田珠樹訳、岩波書店、二〇一一（以下「高田」）、二六六―二六七頁／『ヒトはなぜ戦争をするのか？――アインシュタインとフロイトの往復書簡』浅見昇吾編訳、花風社、二〇〇〇（以下「浅見」）、四三頁〕

10　*Ibid.*, p. 78.〔高田、二六八頁／浅見、四九頁〕

11　*Ibid.*, p. 79.〔高田、二六九頁／浅見、五一頁〕

12　*Ibid.*, *loc. cit.*〔高田、二七〇頁／浅見、五二頁〕

13　*Ibid.*, p. 76.〔高田、二六五頁／浅見、四三頁〕

14　*Ibid.*, p. 80.〔高田、二七〇頁／浅見、五四頁〕

15　*Ibid.*, p. 81（強調はデリダによる）.〔高田、二七二頁／浅見、五八頁〕

†訳　註

1　「己に立ち返る形式」とした « des formes plus réfléchies » の réfléchi(es) は、「思慮深い、反省的な、反射した、再帰的な」意の形容詞で、ここではとりわけ「再帰動詞」を指し示す役割がつよい。再帰動詞とは、主語と目的語が同一となる動詞で、自分自身に対して為す〈再帰的〉行為(私は私を／に…する)、複数が互いに為しあう〈相互的〉行為、他の誰か／何かから為される〈受動的〉行為の三通りがある。フランス語の場合、目的語が再帰代名詞の形で動詞に付くため、代名動詞とも呼ばれる。

2　« *cruor, crudus, crudelitas* » の三語はいずれもラテン語で、cruor は「血、流血、殺戮」の意の名詞、そこから派生した crudus は「血にまみれた、粗暴な」意の形容詞、さらにそこから派生した crudelitas は「残忍、無情」の意の名詞で、フランス語の cruauté の直接の語源。すなわち「残酷さ」が「血」の系譜上にあることを、これらの語は示している。

3　ここに「精神の」とした psychique は後出の「プシュケー」psyché に由来し、精神や心理にかかわるもの／ことを指す形容詞。精神分析関連の書籍では通例「心的」と訳されている。

4　快原理(Lustprinzip 快感原則、快楽原則、快楽原理とも)と現実原理(Realitätsprinzip 現実原則とも)は、精神の活動を支配する原理としてフロイトが措定した概念。前者は、不快を避け、快を求める傾向、すなわち心に生じる緊張(刺激)を抑えようとする傾向で、「快不快の原理」とも言われる。後者は、闇雲に快を求める前者に歯止めをかけ、現実に即して快を得ようとする傾向で、自我に現実を把握させ、たとえ不快であってもそれに耐えつつ、状況に応じて快の獲得を延期したり迂回したりしながら、最終的に満足を得ようとするものである。つまり現実原理は、快原理に取ってかわりつつ、これと同じところを目指しているのだ。

5 「神明裁判」とは、罪科や訴訟の判定を神意に依って為そうとする裁判。容疑者に火、熱湯、籤、決闘などの試練を与え、神罰を受けずに済んだ者(例えば熱湯に手を差し入れても火傷をしなかった者)は、罪のない者、正しい者とされた。

6 「抵抗する」とここに訳されているフランス語動詞 résister は、「逆らう、はねつける」意と「耐える」意の二つをもっている。

7 « ça ne va pas »(それが進まない→「どうにもならない」)、« ça ne va pas bien »(それがうまく進まない→「うまくゆかない」)、« ça souffre »(それが苦しんでいる→「厄介だ」)と、いずれも主語を「私」ではなく ça(それ、あれ、これ/イド、エス)がとる表現。

8 「公安委員会」とは、革命期のフランスで行政の監視と促進のために設立された機関。ほどなく行政のほぼすべての部署を統括する機関となり、事実上の革命政府としてジャコバン派の恐怖政治を遂行していった。「「公共の安全(salut public)」」、この二つの単語の結びつきは自明のものだったわけではない。「公共の」とは、往時の辞典執筆者にとっては「個別の」の反対語であり、人民全体にかかわるすべてのことを意味した。〔…〕二つの単語を結びつけた用例は、フュルティエールの辞典にのみみられる。「公共の安全はつねに個々の安全より望ましい。もしあなたがこの権力にそむくなら、あなたには安全も避難所も加護もない」(一六八四年)。本来、「安全」という語は「救済」というすぐれてキリスト教的かつ個人的な色合いをもっているが、それがここでは集団にまで広げて用いられることで世俗化されているといってもいい。〔…〕フランス革命の時期でさえも「救済」のキリスト教的イメージが、何世紀もさかのぼる政治的経験と混同されていたことはまちがいない。この政治的経験とは、一五世紀の文芸復興期イタリアの影響を受けたまったく世俗的なものであり、必要および国家理性という二つの名称で特徴づけられるものである。つまり、国内のであれ対外的にであれ、一定の例外的状況があれば、統治者はこれまた例外的な措置に訴えなければならず、一時的には臣民の自由や所有権を尊重することも停止しなくてはならなくなる。こうしたことが一六三〇年代にすでに承認されていた。」(フランソワ・フュレ、モナ・オズーフ編著『フランス革命事典』河野健二他監訳、みすず書房、一九九五、七一四頁、「公安委員会」の項より)

9　ここで「世界化」としているフランス語 mondialisation は、英語の globalization(地球化、グローバリゼーション)に相当する語だが、拡張の先にあるのが globe(地球)ではなく monde(世界)であることにデリダは注目し、ヨーロッパ的「世界」観に基づく認識だと指摘する。後出の造語 mondialatinisation(世界総ラテン化)もここから生まれた。

10　「差延」とは、自己同一性に他者が先立つことを示すためにデリダが造った語 différance の邦訳として造られた語。動詞 différer(異なる、違う/延ばす、遅らす)の現在分詞 différant とこの動詞から派生した名詞 différence(差異)を掛け合わせ、後者において失われてしまった différer の意味(延ばす、遅らす)を呼び戻しつつ、différence と同音で、これと文字の上でしか、それもたったひとつの文字によってしか区別されえないものとすることで、話された言葉を書かれた言葉に優越させる考え方への批判をも含ませている。

11 「行為遂行的」とは、J・L・オースティンの提唱した言語行為論(／発話行為論 speech act theory)における用語。言葉は何らかの事実を記述し確認するための手段と考えられていたが、〈言葉を口にすること＝行為を遂行すること〉であるような言葉や発話があること、また、もっぱらそのような発話でなくとも多かれ少なかれそうした側面が多くの発話に見出されることを、オースティンは指摘し、前者を"constative"「事実確認的」な発話、後者を"performative"「行為遂行的」な発話と名づけた。後者は例えば、「誓います」「黙れ」「危ない！」「愛してるよ」など。

12 「新たな人権宣言」とは一九四八年に国連で採択された『世界人権宣言』(Déclaration universelle des droits de l'homme)のことだが、「男性のみならず女性の権利も」と言い添えられているのは、「人権」の「人」にあたるフランス語 homme が「人間」と「男性」とを意味すること、また、この宣言においては「男女の同権についての信念」が「再確認」されていることを受けたもの。この「新たな人権宣言」に先立つ人権宣言とは、一七八九年にフランスの憲法制定国民議会に採択された『人間と市民の権利の宣言』(Déclaration des droits de l'homme et du citoyen)であるが、そこで女性の権利はとくに保障されておらず、当時活躍していたフェミニスト、オランプ・ド・グージュも政治パンフレット『女性と女性市民の権利の宣言』(Déclaration des droits de la femme et de la citoyenne)を発表し、これを批判している。

13 「新たな国際刑事裁判機関」とは、国際刑事裁判所(The International Criminal Court)のこと。国際社会全体の関心事である最も重大な犯罪(集団殺害犯罪、人道に対する犯罪、戦争犯罪、侵略犯罪)を犯した個人を国際法に基づいて訴追・処罰する、歴史上初の常設の国際刑事裁判機関。一九九八年七月に国連全権外交使節会議において採択された国際刑事裁判所ローマ規程に基づき、二〇〇三年三月、オランダのハーグに設置された。あくまで各国の国内刑事司法制度を補完する立場にあり、関係国に被疑者の捜査・訴追を真に行う能力や意思がない場合等にのみその管轄権が認められる。締約国は一二三ヵ国(二〇一五年四月現在)。

14 アムネスティ・インターナショナルの発表した二〇一五年の「世界における死刑執行件数」は以下の通り。中国・千件以上(推計数千件)、イラン・九七七件、パキスタン・三二六件、サウジアラビア・一五八件、アメリカ合衆国・二十八件、イラク・二十六件、ソマリア・二十五件、エジプト・二十二件、インドネシア・十四件、チャド・十件(ほか十件未満が十五ヵ国、日本では三件)。

15 「陳情書」とは、全国三部会の開催に際し、各身分がそれぞれの請願や陳情をまとめたもの。身分毎の選挙人集会で選挙人が作成し、代表に三部会への提出を依頼、三部会で取りまとめられたものが国王に提出される。

16 「テロス」telos(τέλος)は、そもそも「達成、実現」を意味するギリシア語名詞で、転じて「結果、結末」「終り、最期」の意を、さらに「決定(権)、判決、主権、奉仕、税金、儀式、目的」等々の意も帯びるようになった。アリストテレスが四つの原因のひとつとして挙げた「目的」がこれである。

17 「マジック・メモ」とは、フロイトが心的装置を説明するために取り上げた道具(「「不思議のメモ帳」についての覚え書き」『フロイト全集18』太寿堂真訳、岩波書店、二〇〇七)。暗褐色の合成樹脂ないしワックスでできたボードに、半透明のパラフィン紙、透明のセルロイドのシートを重ね、一辺で固定したもので、シートの上から先のとがったペン状のものでこするとパラフィン紙がボードに密着し、こすった痕が黒く浮かび上がる。シートをめくれば描線は消え、何度でもくりかえし使える。こどものお絵かき道具として日本にも普及した。「マジックボード」とも。

18 *Warum Krieg?* について、アインシュタインとフロイト双方の書簡は『ヒトはなぜ戦争をするのか?』(浅見昇吾編訳、花風社、二〇〇〇)に、フロイトの書簡は「戦争はなぜに」『フロイト全集20』(高田珠樹訳、岩波書店、二〇一一)、「人はなぜ戦争をするのか」『人はなぜ戦争をするのか エロスとタナトス』(中山元訳、光文社、二〇〇八)、「戦争はなぜ」『フロイト著作集11』(佐藤正樹訳、人文書院、一九八四)他に読むことができる。

19 Sigmund Freud, William Christian Bullitt, *Thomas Woodrow Wilson: A Psychological Study*, Houghton Mifflin, 1966(S・フロイト、W・C・ブリット『ウッドロー・ウィルソン 心理学的研究』岸田秀訳、紀伊國屋書店、一九六九)。フロイトは共著者として名を連ねているが序を寄せたに過ぎない。ブリットはアメリカの外交官で、駐ソ、駐仏大使などを歴任しており、フロイトのロンドン亡命に際して尽力した。

20 René Major, *De l'élection*, Aubier, 1986.(ルネ・マジョール『選挙について』)

21 シャーンドル・フェレンツィ（Sandor Ferenczi 一八七三―一九三三）はハンガリーの精神分析家。初期からフロイトに師事し、ブダペストにおける精神分析の発展に寄与した。

22 Ernest Jones, *The Life and Work of Sigmund Freud*, Anchor Books, Doubleday & Co., Inc., 1963, p. 451（アーネスト・ジョーンズ『フロイトの生涯』ライオネル・トリリング、スティーヴン・マーカス編、竹友安彦、藤井治彦共訳、紀伊國屋書店、一九六四、四五七頁）。フロイトが息子を訪ねてベルリンへ旅した際、アインシュタイン夫妻がフロイトの息子宅を訪問した。ふたりはそこで初めて出会い、歓談の時をもった。これは、そのときを振り返っての発言である。

23 「スタンダード・エディション」とは、英訳版フロイト全集の総題 *The Standard Edition of the Complete Psychological Works of Sigmund Freud* の略称。ジェームズ・ストレイチーの編集監訳で、一九五〇年代にロンドンの Hogarth Press から刊行された。

24 カント『人倫の形而上学』「第一部　法論の形而上学的定礎」「法論への序論」における二命題「D 法は強制する権能と結びついている」ならびに「E 厳密な意味での法は、普遍的法則に従って万人の自由と調和する全般的相互的強制の可能性としても表象される」（『カント全集11』樽井正義、池尾恭一訳、岩波書店、二〇〇二、五〇―五二頁）を参照のこと。

25 「だがここで早くも、私はある困難に直面する。裁判所とは、人間の機関なのだ。その裁量に委ねられた力がその審判を施行するに十分でなければ、法廷外の圧力にそれらの審判が捩じ曲げられても泣き寝入りするほかないような、すぐれて人間らしい機関なのだ。」（「なぜ戦争を」）

26　正しくは、« besoin de puissance »（力への欲求）。Machtbedürfnis という語が二度立て続けに使われている箇所で、英訳・仏訳を照らすと、ひとつめは Das Machtbedürfnis［独］－The craving for power［英］－Le besoin de puissance［仏］、ふたつめが Dieses politische Machtbedürfnis［独］－This political power hunger［英］－Ce besoin de puissance politique［仏］。

27　*Jenseits des Lustprinzips*, 英訳は *Beyond the pleasure principle*, 仏訳は *Au-delà du principe de plaisir*, 邦訳は「快原理の彼岸」（『フロイト全集17』須藤訓任訳、岩波書店、二〇〇六）。jenseits (der/des)「…の向こう側で」、beyond「…の向こうに／へ／で／の、…を越えて、…のほかに」、au-delà (de)「…の向こうに、…を越えて、…のほかに」（本書では「…の彼方に／で」とした）の三語はいずれも名詞として用いられるとき「来世、あの世、彼岸」を意味する。

28　「私の人生経験から申し上げますと、いわゆる「インテリ」の方が、忌まわしい集団暗示にかかりやすいようです。というのも彼らは、経験から直接に何かをすくい取るということをせず、印刷された紙のうえで、つまりこのうえなく安逸にして完全な方法で、物事を把握するのですから。」（「なぜ戦争を」）

29　フランス語訳では débridé(e)、ドイツ語原文では zügelloseste。このドイツ語に対応するフランス語としてデリダは、déchaîné(e)（鎖を解かれた→荒れ狂った）、délié(e)（結び目を解かれた→敏捷な）を挙げている。

30　フランス語訳では funeste、ドイツ語原文では unheilvollste。前項に同じく、néfaste（忌まわしい）、

sinistre(不吉な)、maléfique(邪悪な)、perverse(背徳的な)、cruel(le)(残酷な)。

31 英訳は以下の通り。"But my insistence on what is the most typical, most *cruel* and extravagant form of conflict between man and man was deliberate, for here we have the best occasion of discovering ways and means to render all armed conflicts impossible."(強調は訳者)

32 ここに「間接的方向」とした indirection はデリダの造語で、「間接の、迂回した、遠回しの」の意の形容詞 indirect に、行為あるいはその結果・所産をあらわす接尾辞 -tion を添えて名詞化したものであり、また、「方向、方角、方針、指導、指揮、管理」の意の名詞 direction に、否定や欠如、もしくは、「…の中に／へ、…の上に／へ」といった移動や、別の状態への移行、行為の完遂などをあらわす接頭辞 in- を付したものでもあり、さらに、indirect(間接の)と direction(方向)を融合させたものでもある。本書ではこの第三の合成を前景化させ、「間接的方向」という表現を充てたが、「方向性のなさ」や「迂回すること、迂回路」といった含意も併せて念頭に置かれたい。

33 unheimlich は「不気味な、凄い」意のドイツ語の形容詞。uncanny はこれにあたる英語。フロイトはホフマンの『砂男』を通じてこれを分析している(Das Unheimliche(1919),「不気味なもの」『フロイト全集17』藤野寛訳、岩波書店、二〇〇六)。

34 「彼は、フランス革命の問題にも、共和主義理念制定の問題にも、興味を示そうとしなかった。英国王政の支持者たる彼の眼には、フランス革命という一大叙事詩も、精神疾患の一種としか映らなかった。〔…〕パリを巨大なスフィンクスに、パリ市民を流行り病で精神を病んだ群衆に擬えて、共和制への敵意をあからさまにしたのである。」(Elisabeth Roudinesco, « Freud et le régicide: éléments d'une réflexion », *Revue Germanique Internationale*, 14/2000, pp. 124-126.（エリザベート・ルディネスコ『フロイトと王殺し——ある考察の材料』）

35　ここに「訪問」としたvisitationは、「訪問」一般ではなく、聖母マリアのエリザベツ訪問を限定的に指す語である。処女マリアは、神の使者ガブリエルにキリストの降臨を告げられると同時に、それまで不妊であった彼女の親族エリザベツが高齢にもかかわらず神意によって懐胎したことを告げられ、急ぎエリザベツを訪ねた。このマリアの挨拶の声に、受胎から六ヶ月目を迎えていたエリザベツの子(後のバプテスマのヨハネ)が胎内でおどり、エリザベツは祝福に満たされ歓喜する(「ルカによる福音書」第一章第三十九節から五十六節)。

36　「フロイトはアメリカに非常によい印象を抱いて戻ったわけではなかった。〔…〕表面的にはいくつかの原因があげられるが、後にわかるように、それは意外にもアメリカそのものとは何の関係もない、もっと根本的な個人的原因をかくしているのであった。フロイト自身は、自分がアメリカを嫌いになったのは腸障害のせいであるといい、それはいつもの食事と全くちがったアメリカの料理のためにおこったと断じているが、それはどうも納得のゆかぬ話である。これは彼はアメリカへ行くずっと前から、またその後もずっと一生の大部分この病気にかかっていたという重大な事実を無視している。しかし、彼の苦情は次の点においては正しい。つまりアメリカにいる間じゅう、彼はたえず前々からの虫垂炎の苦痛の再発に苦しみ、それはいずれにせよ、この偉大な体験を楽しむのを妨げたにちがいないということである。同時にもう一つの身体的な故障があり、それは前立腺の障害であった。これは当然苦しくもあり、困ったものでもあって、もちろんアメリカの設備が悪いせいであった。」(ジョーンズ『フロイトの生涯』二七二―二七三頁)

37 第一回国際精神分析会議は、一九〇八年四月にザルツブルクにて開催された。

38 アーネスト・ジョーンズ(Ernest Jones 一八七九―一九五八)はイギリスの精神分析家。フロイト門下で、彼のロンドン亡命に際し尽力し、その伝記も著している。イギリス精神分析協会、国際精神分析協会の会長を長く務めた。

39 ジョーンズ『フロイトの生涯』二六〇―二六一頁。

40 「ヨシュア」とは、旧約聖書の登場人物。モーセの後継者で古代イスラエルの民の指導者。モーセが約束の地を見渡す東ヨルダンの地で歿した後、イスラエル全十二部族を率いてカナンを征服、各部族に分配した(「ヨシュア記」第一章から第十二章)。

41 この言葉は、一九〇九年一月十七日付けの手紙に記されている。

42 「残酷劇」とは、アントナン・アルトーがその著『演劇とその分身』で提唱した演劇理念。パリ植民地博覧会でバリの演劇に出会い、衝撃を受けた彼は、言葉を廃し、身体の動きや叫びで舞台空間を充たすことで、舞台と客席との区別をも消し去る、魔術的、儀式的な演劇を実践しようとした。祝祭的空間において、日常生活で抑圧されているものを解き放ち、自己を、自己の「生」を取り戻させるものこそが「演劇」であるとし、これを「残酷劇」と名づけた。

43 「原理的なもの」とした principiel は、原因や理由としての principe にかかわるものを意味する形容詞。ロラン・バルトの造語。

44 『ある幻想の未来』でフロイトは、ひとはなぜ宗教上の教義を信じるのか、信じねばならないのかを問いなおし、これを根拠づける試みとして、「不条理ゆえに吾信ず」という信条とファイヒンガーの提唱する「かのように」の哲学の二つを挙げている。前者は、宗教上の教義は理性よりも高次のものであり、理性によって把握することはできない(=不条理と解されてしまう)、ゆえに、わからなくても、わからないからこそ、これを信じるがよい、と諭すものであり、後者は、われわれの思考はそもそも不条理な、あるいは無根拠なたくさんの仮定や想定(「…かのように」)に支えられており、みながこの虚構を信じている「かのように」振る舞うことで社会は維持されている、況して宗教上の教義は人間社会を維持してゆくうえでとりわけ重要なものであるから、便宜上、これを信じている「かのように」振る舞うべきである、と論ずるものであるが、フロイトはこれらを荒唐無稽であるとして一刀両断に切り捨てる。だが、「諸欲動に関する神話学的理論」を語るとき、フロイトもまた、理論的虚構を必要としてはいないだろうか、「あたかも…かのように」をその根拠としてはいないだろうか。

45 Jacques Derrida, *La carte postale : de Socrate à Freud et au-delà*, Flammarion, 1980.(『絵葉書I――ソクラテスからフロイトへ、そしてその彼方』若森栄樹、大西雅一郎訳、水声社、二〇〇七)

46 「資格審査」とした « vérification des pouvoirs » の pouvoir はここでは「代理権」を意味する。つまり三部会に参加する代表議員の資格審査のことである。三部会開会に際し、貴族身分はこの審査を、それも身分毎の会議における審査を求め、それに対する第三身分の反撥が国民議会の呼び水となった。

47 一七八九年、一七五年ぶりに三部会が招集されることになり、議員構成と議決方式をめぐる貴族と第三身分との対立が顕在化した。三身分が個別に会議を開いたところ、身分毎の決議を各一票とするよう主張する貴族に対し、第三身分は三身分合同の会議と頭数制の議決を要求。対立は紛糾し、第三身分がその勢いを増してゆくことに懸念を覚えた国王は、同六月二十日、「室内改造のため」という口実のもと議場を閉鎖、締め出された第三身分の議員らはヴェルサイユ宮殿の室内球戯場に集まり、自ら「国民議会」を開会、「国民議会は、憲法が制定され、強固な基礎の上に確立するまで、決して解散しない」ことが満場一致で誓われた。

48 「二プラスn個の王の身体」とは、チューダー朝以降のイングランドで法学者たちに広められた「王の二つの身体」(国王二体論)という神話的擬制に依った表現。Ernst H. Kantorowicz, *The King's Two Bodies: A Study in Mediaeval Political Theology*, Princeton University Press, 1957(エルンスト・H・カントーロヴィチ『王の二つの身体――中世政治神学研究』小林公訳、平凡社、一九九二)を参照。「王は自らの内に二つの身体、すなわち自然的身体と政治的身体を有している。彼の自然的身体は可死的身体であり、本性上あるいは偶有的に生ずるあらゆる弱点に服し、幼児期や老齢期の虚弱さや、他の人々の自然的身体に起こるのと同様の欠陥にさらされている。しかし、彼の政治的身体は、目で見たり手で触れることのできない体であって、政治組織や統治機構から成り、人民を指導し、公共の福利を図るために設けられたのである。そして、この身体には、自然的身体がさらされている幼児期や老齢期は全く存在せず、他の自然的な欠陥や虚弱さも全く存在していない。そして、これゆえにこそ、王が彼の政治的身体において遂行することは、彼の自然的身体に内在するいかなる無能力によっても、無効にされたり破棄されることはないのである。」(プラウドン判例集(Edmund Plowden, *Commentaries or Reports*, London, 1816, 212 a.) からの引用。カントーロヴィチ前掲書、二四―二五頁)

49 Elisabeth Roudinesco, *Pourquoi la psychanalyse?*, Fayard, 1999, pp. 93-124.

50 英訳版(Jacques Derrida, *Without Alibi*, tr. by Peggy Kamuf, Stanford University Press, 2002)には、ここに以下の註が付されている。「二、三の例外はあるが、フロイトはテオドール・ライクに、自らの名で署名することを認めていた。一九二六年に、また刑罰と死刑についてのアンケートへの回答においても。きわめて曖昧なこの三頁の最後に――この三頁は、彼らの論法、署名、地位に照らして注意深く検証すべきものであろう(わたしも別の機会にそれを試みるつもりだ)――、ライクはフロイトの名で、次のように結んでいる。「明言しよう、私は殺人に反対だ、と。個人による犯罪であれ、国家による報復であれ、殺人と呼ばれるもの一切に反対の立場をとる者なのだ、と。」(Theodor Reik, *The Compulsion to Confess: On the Psychoanalysis of Crime and Punishment*, Farrar, Straus and Cudahy, 1959, p. 474 (「補遺――フロイトの死刑観」、テオドール・ライク『告白への強迫――犯罪と刑罰の精神分析について』)」(「この三頁」とは、この「補遺」のこと)

51 第二次世界大戦後、アメリカ合衆国では死刑執行数が減少、一九五〇年代に入ると、ヨーロッパでの死刑廃止運動の高まりを受け、アメリカでも死刑制度が見直され始め、世論は死刑廃止に傾いていった。多数の重要事件が連邦最高裁の判断を待つため執行を保留し、一九六七年より死刑執行を一時停止する動きがアメリカ全土に広がった。一九七二年、ファーマン対ジョージア州事件において、連邦最高裁は、死刑は「恣意的かつ気紛れな」方法で適用されており、かつ、アメリカ合衆国憲法修正第八条における「残酷で異常な刑罰を科してはならない」ならびに同第十四条における「法の平等な保護を否定してはならない」に反すると判決、これ以降一九七六年まで、死刑は全米で停止されることとなった。

52　ファーマン対ジョージア州事件への判決に諸州はかならずしも同調せず、これは特定の事件に対する個別的判断であって死刑制度そのものを否定するものではないとの見解に立ち、合憲的死刑制度整備のための法制度改正に着手した。このとき考案された新たな死刑執行方法が、致死薬注射である。一九七六年、死刑は違憲ではないとの判断がついに最高裁より下され、合衆国に死刑制度が復活した。致死薬注射による死刑が初めて執行されたのは、一九八二年、テキサス州でのことである。

53　autonome(自律的な)を auto-nome と分節化することで、これを構成するギリシア語 autos(*αὐτός*)(自己)と nomos(*νόμος*)(法)を浮かび上がらせ、直近の語源 autonomos(*αὐτόνομος*)の意味「自らに固有の法で自らを統治するもの」(→「自主的な」)を喚び起こしている。

54　「インタリオ」とは、イタリア語で、モチーフをくぼませて彫る印章技術のこと。古代ギリシア・ローマ時代に発達した。陰刻、凹刻、沈み彫、とも。この対に、モチーフを浮き上がらせて彫るカメオ（陽刻）がある。

55　フロイトの精神分析は当初社会的に孤立していたが、徐々に理解者を増やし、一九〇八年の国際精神分析会議の開催を機に、国際化の動きが加速する。だがそのかたわら、大きな推進力であったユングのフロイトとの関係は悪化の一途を辿っていった。一連の状況を憂慮していたジョーンズは、フロイトを囲む「親衛隊のようなグループ」をつくってはどうかとフェレンツィに提案、他にオットー・ランク、ハンス・ザックス、カール・アブラハムの三名が招かれ、一九一三年五月二十五日、フロイトの立会いのもと正式に〈委員会〉が結成された。フロイトはこれを記念し、自ら蒐集していた古代ギリシアのインタリオの石を五人に贈り、五人はこれを金の指輪に嵌め込んで身につけた。「ユピテルの頭」とは、それ以前からフロイトが着けていた指輪の石の意匠。ユピテル（ジュピター Jupiter）はギリシア神話のゼウスと同一視される古代ローマの最高神で、さまざまな役割をもつが、そのひとつである雷神は、誓い、契約、条約などを司り、違反した者を雷で罰するという。ちなみに七つめの指輪は、一九一九年より参加することとなったマックス・アイティンゴンに贈られている。

56　四つの語は同根で、前二者はギリシア語、後二者はフランス語。「ポリス」polis（πόλις）は古代ギリシアの都市国家、そこから派生した「ポリテイア」politeia（πολιτεία）はその制度、すなわち「国制、政体」を意味する（プラトンの著作『国家』の原題がこれ）。この politeia からラテン語の politia（市民政治）が生まれ、そこからフランス語の police（警察）が生まれた。同じくフランス語の politique（政治）も、ギリシア語の polis（都市）→ polites（πολίτης）（市民）→ politikos（πολιτικός）（ポリスの）→ ラテン語の politicus（政治の、市民の）の系譜に連なっている。

57　一九一二年八月一日付け、ならびに同十日付け、ジョーンズ宛て書簡より（ジョーンズ『フロイトの生涯』三二七頁、および、ピーター・ゲイ『フロイト 1』鈴木晶訳、みすず書房、一九九七、二七二―二七三頁（Peter Gay, *Freud: A Life for Our Time*, W. W. Norton & Co., Inc., 1988））。

58　「公共物《レス・プブリカ》」とした « *res publica* » とは、ラテン語で「公共の物」「民衆の物」、転じて「国家」、それも、君主でなく人民に所有されている国家をいう。république「共和国、共和制」の語源。

59　「パリ・コミューン期」とは、一八七一年三月十八日から五月二十八日までの七十二日間をいう。パリ・コミューンとは、普仏戦争敗北後のパリで民衆が蜂起し樹立した世界初の社会主義政権のこと。各区から選出された労働者や市民らが代議員として自治政府の議会を構成し、革命行動を推進した。だが、プロイセン軍の支援を受けた政府軍がパリ市内に突入、一週間に及ぶ凄絶な市街戦の果て、無惨にも鎮圧された。

60　「革命暦」とは、フランス革命の際に国民公会が制定した暦で、共和制が宣言された一七九二年九月二十二日を元年元日とし、翌九三年一月一日より実施された。「革命暦四年ブリュメール四日」は、グレゴリオ暦の一七九五年十月二十六日にあたる。

61　「国民公会」とは、フランス革命中、憲法制定国民議会、立法議会を経て、初めて男子普通選挙により招集された議会のこと。一七九二年九月二十一日開始、九五年十月二十六日解散。

62　「神の国（God's own country）」とは、「神の恵み豊かな国」「地上の楽園」の謂いで、十九世紀初めにイギリスで使われ始め、一八六〇年代にアメリカにも拡がった表現。第二次大戦中には、ゲッペルス始めドイツのマスコミが、アメリカを揶揄する語として用いもした。

63 René Major, *De l'élection*, Aubier, 1986.

64 René Major, *Au commencement — la vie la mort*, Galilée, 1999.

65 書簡の日付は一九一四年十二月二十八日。名宛て人のフレデリック・ファン・エーデン(Frederik van Eeden 一八六〇—一九三二)はオランダの医師にして、小説家、詩人、劇作家。夢についての観察と研究を行い、夢を見ているという意識をもちながら夢を見ることを「明晰夢」(lucid dreaming)と名づけた。著書に、『夢の研究』『小さなヨハネス』など。

66 *Zeitgemäßes über Krieg und Tod* (1915), in *Werke aus den Jahren 1932-1939*, *Gesammelte Werke*, S. Fischer, 1946.(「戦争と死についての時評」『フロイト全集14』田村公江訳、岩波書店、二〇一〇)

67 Edmund Husserl, *Die Krisis der europäischen Wissenschaften und die transzendentale Phänomenologie*, Martinus Nijhoff, 1954(エドムント・フッサール『ヨーロッパ諸学の危機と超越論的現象学』細谷恒夫、木田元訳、中央公論社、一九七四)のこと。

68 「クリネイン」krinein(***κρίνειν***)は、「決定的な判断を下す」意のギリシア語動詞。そこから派生した名詞 krisis (***κρίσις***)は「決定、選択、選挙、判断、議論」等の意味を持ち、crise[仏]、Krisis[独]、crisis[英](いずれも「危機」)の語源となった。

69 ここで「連結」としている articulation は、「(関節で)つなぐこと」「(一語・一音ずつ明瞭に)発音すること」を意味する名詞で、「関節、継手、発音の仕方、（建物の）結構、（推論の）組立て」などと訳されるが、本論では主に「連結」、「連関」（ひとつのおおきな全体を構成する、有機的なつながり）の意味で用いられている。

70　「ホルド」とは、「遊牧民」ならびにその部族集団や野営地のこと。転じて、動物や昆虫の移動群や、暴徒の「群れ」なども指すようになった。フロイトは、ダーウィンの立てた「原始ホルド」（Urhorde「原始群」「原始群族」「原始遊牧群」とも）の仮説にもとづき、ひとりの男（＝原父）がすべての女を独占する集団が人類の起源にあると前提し、文明のはじまりを考えた。また社会学においてデュルケームも、「ホルド」の名のもとに、文化のまったく見られない同質的な個人の集合を原始社会に想定している。

71　「力となる団結」と組み換えられたのは、フランス語の諺 « L'union fait la force. »（団結は力なり）。フロイトはアインシュタインへ宛てた書簡に « l'union qui fait la force » とフランス語で記している。

72　ここに「方法」としたフランス語 méthode は、「追求、追跡（とりわけ、何かを成し遂げるための道の探索）」を意味するギリシア語名詞 methodos（μέθοδος）に由来し、これは「…を超えた、…の後の（変化、結果）」の意の接頭辞 meta-（μετά-）と「道」の意の名詞 hodos（ὁδός）から成る。

73　ニーチェ『道徳の系譜』第二論文、とりわけその五ならびにその六を参照のこと。

74　デリダはここで、独／英／仏三版から引用した表現を並べているが、引用箇所がずれている。引かれた英訳と仏訳に相当する独語原文は « *einen zweiten Wink zur indirekten Bekämpfung der Kriegs-*

neigung»（戦争への傾向と間接的に戦うための第二の示唆）。

75 世界人権宣言の第三条「人は全て、生命、自由及び身体の安全に対する権利を有する」ほか。

76 いずれもカントの倫理学における概念。「純粋実践理性」とは、経験に頼ることなく意志を規定する理性で、これが普遍的な道徳法則をわれわれに与えるとされる。「定言命法」の「定言」とは無条件に断定すること。倫理学の原則というのは一般に、「…ならば…せよ」という仮定条件のついた命令（仮言命法）であったが、カントは、何の条件もつけずただ「…せよ」と言い切る命令（定言命法）を立てることで、経験に拠らない純粋に実践的な倫理学を確立しようとした。

77 ここに「経済」としたフランス語の économie は、日本語の「経済」に相当する意味（経済、経済学、倹約、節約）だけでなく、「構成、組織、体系、調和、管理、運営」といった意味も担っている。後出のギリシア語 oikonomia（*οἰκονομία*）は économie の語源で、oikos（*οἶκος*）「家・家庭」と nomos（*νόμος*）「秩序・法」から成り、そもそもは「家政（家の管理・運営）」を意味していたが、世界をひとつの「家」ととらえるキリスト教的視点が入り、神による「家＝世界」の「管理・運営」、すなわち「配剤、摂理、（救済の）計画」といった意味をも担うようになる。「家」はまた、さまざまなものに差し替えられてゆく。百科全書には「動物の économie」「農村の économie」「政治の économie」その他いくつもの économie が語られている。例えば「動物の économie」とは、「動物の生命を維持する機能と運動の秩序、機構、調和」にかかわるものとされる、つまり、医学や生物学に近いものだ。これは実は他の économie にも共通している。何らかの有機的構造（動物、農村、政治、家族、等々）

に関して、その秩序を知り、それを治めることが économie なのだ。本書では économie をまず「経済」と訳し、一部「節約」としたが、こうした意味のひろがりを頭の片隅に置きつつ、お読みいただければ幸いである。

78 ここに「生を超えた生」と訳出した sur-vie は、フランス語名詞 survie(生き残ること、延命、死後の生、生存、余命)を分節化したもの。それによって語素が浮き彫りにされ、「生(vie)」を「超えた(sur-)」もの、という含意が前景化されることとなった。

79 「不-可能なもの」とした im-possible も、前項に同じく impossible(不可能な、ありえない)を分節化した表現。接頭辞 im- は impossible においては「否定、欠如」の意だが、「…の中に／へ、の上に／へ」といった位置関係や動き、ある状態への移行、何らかの行為の完遂などを意味する場合もある。ここではその im- が切り離され、「否定的ではない」と限定されることで、「…の中へ」「…となる」の意を担うこととなり、「可能なもののうちへ入り込む」「いずれは可能となる」というきわめて肯定的で積極的な意味をもつ形容詞 im-possible が生み出された。

80 「訪問」visitation については、訳注35参照。

81 ここで「次元」とした ordre と「状態」とした état は、三部会を構成する三つの「階級・身分」をいう語でもある。

82 « faufilage ou faufilature ». faufilage は従来「仕付け、仮縫い」の意で用いられている語だが、faufilature はデリダの造語。動詞 faufiler は「仕付けをかける、仮縫いする、(スパイや贋金を)紛れ込ませる」意、名詞 faufil は「仕付け糸」。動詞 faufiler に、行為、行為の過程・結果、状態・性質、集合をあらわす接尾辞 -age と、行為の結果、集合(…に関する・属するもの)をあらわす -ature を添えたか、あるいは/かつ、「外」を意味する接頭辞 fau- ないし「偽の」を意味する faux- を、「糸紡ぎ、(映画などのキャメラの)ぶれ」の意の名詞 filage と、「製糸・紡績、尾行」の意の filature に添えたか。ぽつりぽつりと布のおもてに顔を出す、いずれ抜かれるその糸が、その実、たしかな軌跡によって、来るべき仕立てを支え、導いている——そんな「仕付け」のありように、「アリバイなし」という表現のそれが、ここでは擬えられている。

83 アリバイ alibi とはそもそもラテン語で「他のどこかに、別の場所に」の意。そこから、犯罪発生時に犯行現場とは別の場所にいたという証明(現場不在証明)を指す語として用いられるようになった。

解説

精神分析とデリダ――コンフロンタシオンから三部会へ

立木康介

まずはデリダに倣って、あるいは彼を気どって、ひとつの脱線から、内緒話から、スタートしてみよう。

もし私がみなさんに「あなたは自分が思っているのとちがう誰かではありませんか」とか、あるいは「あなたがまったく別の人物である可能性はありませんか」と尋ねたとしたら、それどころか、「私のほうがその別のあなたのことをよく知っているのではありませんか」とか、「いや、そもそも私こそがもうひとりのあなた、あなたの別の可能性なのではありませんか」と問うたとしたら、みなさんはどう感じ、何を思われるだろうか。

こうした問いを——おそらくそのつど微妙に異なるニュアンス、異なる陰影を伴って——精神分析に執拗に投げかけながら、精神分析を己れ自身にたいして他なるものにすること、精神分析が我知らず己れ自身にとってすでに他なるものである事実を精神分析につきつけること、それどころか、己れ自身にとって他なるものでありうる精神分析のこの「他性」を自らの身に引き受け、自らを精神分析の分身《ドッペルゲンガー》として精神分析そのものにぶつけること——それが、私の見るところ、精神分析にたいするジャック・デリダの、たんなる批判にも友愛にも還元できない、しかし厳密に一貫した立場だった。

二〇〇〇年七月にパリで催された「精神分析三部会」の三日目を締めくくる講演——その原稿(の翻訳)が本書である——のなかで、フロイトのどちらかといえばマイナーなテクスト、時局に縛られたオケージョナルな一文と「専門家」たちからみなされ、それゆえ顧みられることが少なかったテクスト、したがって、たとえば我が国においても、人文書院フロイト著作集では「文学・思想篇Ⅱ」というほとんどミセラニアス的な巻に組み入れられ、岩波書店フロイト全集でも一九二九年から三二年の巻に小品群の一篇として収録されるにとどまったテクストを、デリダがむしろ「精神分析固有の地平」にかかわる考察、来たるべき精神分析に不可欠の鍵となる論考として取り上げたのは、それゆえいかにも彼らしい選択だったと直ちにいえるかもしれない。繰りかえすが、精神分析にたいしてつねに別の可能性、別のオプションを対峙させること、精神分析を二重化し、あるいは差延させ、精神分析にもうひとつ別の精神分析を、つまりその分身をつきつけること（たとえば、本書にもほとんどエクスプリシットな言及がある一九九一年の「抵抗」において、抵抗概念の不統一がそのまま「精神分析」の複数性を意味することを示しただけでなく、最大の抵抗たる「反復強迫」の形で精神分析がほかならぬ己れ自身に抵抗すること、しかし抵抗しつつ分析し続けねばならぬことを訴えたように）、それどころか、自らがそのような分身となって精神分析の前に立ちふさがること（ラカンの「ファルス＝ロゴス中心主義」を告発したことで名高い一九七五年の「真実の配達人」において、ポーの『盗まれた手紙』についてラカンが沈黙している「分身」の問題をいわば解禁し、テクストの想像的入れ子構造がその象徴的「分析」をひとつの不可能に追い込むという読みを引っさげて、ラカンに挑んだように――これはもちろん、彼のパフォーマティヴなエクリチュールの骨頂だ）こそが、デリダによる精神分析の脱構築の、いや、デリダが精神分析自身のうちに読み取りすらする「終わりなき脱構築の原理」の、戦略であり、運命なのだ。

だが、ここではまず、この講演「精神分析のとまどい」（ただし、講演時のタイトルは、本書の副題である「至高なる残酷さの不可能なる彼岸」だった）を、それをとりまく歴史的、時局的文脈のなかに位置づけておきたい。デリダが講演を行った国際集会「精神分析三部会」は、精神分析家ルネ・マジョールが一九九七年の六月に呼びかけ、それに応じた人々から成る組織委員会と各国の有志グループが練り上げたプログラムにより、二〇〇〇年七月八日から一一日にかけて、ソルボンヌ大学大講堂で開かれた。三三か国から集まった出席者は一〇〇〇人にのぼった。ルネ・マジョールといえば、デリダの読者には、たとえば『郵便はがき』を締めくくるテクスト「全体の／まったく（ない）

Du tout」（一九七八）における対話者として、あるいは『精神分析の抵抗』に収められた「ラカン（へ）の愛のために」（一九九〇）をデリダがそれへの応答として発表したテクストの著者（のひとり）として、お馴染みだろう。あるいは、二〇〇一年に出版されたマジョールの論文集『ラカンとデリダ Lacan avec Derrida』が目に留まっているかもしれない。カナダのケベック出身で、一九六〇年にフランスの土を踏んだマジョールは、その後の彼の改革者的経歴からすれば意外なことに、五三年の組織分裂によってラカンらが離脱したあとの「パリ精神分析協会（SPP）」でトレーニングをはじめ、フランスに帰化する以前の七三年、SPPの訓練インスティテュート所長の座に、外国人でありながら史上最年少で選出されたことで知られる。その一方で、ラカンとも早くから親交を深め、六三年に国際精神分析協会から「破門」されたラカンが、翌年、独自の新組織「フランス精神分析学派」（追って「パリ・フロイト派（EFP）」に改称）の設立を宣言する、その集会に招かれた過去もある。もっとも、ラカンの理論にたいしてと同様、ラカンその人にたいしても一定の距離を置くマジョールは、自らの学派に加わってほしいと請うラカンに、「ムッシュー、私たちはすばらしい関係にあります。私はそれを壊したくありません」と応じたという。それにたいしてラカンは「まったくそのとおりだ、きみ《モン・シェール》」と返したのだった。

このように、ＳＰＰとラカン派という反目し合うグループのあいだを躊躇なく往き来することができたマジョールの自由さが、一九七〇年代の半ばに、精神分析界の新たなシーンであり、組織である「コンフロンタシオン」(対面、対決／突き合わせ)の誕生をもたらしたことはまちがいない。もともとはマジョールが所長を務める上述のパリ精神分析インスティテュート内のセミネールとしてはじまった活動だが、精神分析の硬直した制度やドグマを解体すべく、組織の垣根を越えて忌憚なく議論を重ねることのできる場として、ＳＰＰ内外から多くの参加者を集めるようになり、七七年、制度的実体を備えた一団体として独立するに至る(翌年には同名の雑誌も創刊された)。その活動のプロトコルは、毎回ひとりの精神分析家をゲストに招き、その著作について参加者と討論させるというものだ。当時、それまでに三度の分裂を経験したフランスの精神分析組織の数は四つにのぼっていたが、いずれの組織からも分析家が招かれた。しかし、そのように「コンフロンタシオン」に登場したゲストのなかで、当初はほとんど唯ひとり、精神分析家ではない人物が参加者の前に立つことがあった。ほかならぬジャック・デリダだ。先に触れたデリダの「全体の／まったく(ない)」も、もともとはこの「コンフロンタシオン」の七七年のセッションのひとつだった。デリダによる名高い前書きで知られる『狼男の言語標本』の著者マリア・トロークとニコラ・アブラハムを介して、やはり六〇年代にデリダと親交を結んでいたマジョールにとって、デリダは「コンフロンタシオン」の「道連れ」のひとりであり、おそらく最も重要なインスピレータだった。いや、それどころか、そのねらいの最も際立った代弁者ですらあったかもしれない。「全体の／まったく(ない)」のなかで、デリダはこう述べている——

「コンフロンタシオン」効果は、いわゆる精神分析的制度の脱構築により生じる。この効果は、フランスの四つのグループへの忠義の垣根が、そこではもはや幅をきかせない、完全には幅をきかせないことによって、それと分かる。もはやまったく以前のように互いに遮断された状態ではないのである。

この発言は、「四つのグループ」からの参加者が実際に顔を揃えることがあった「コンフロンタシオン」のたんなる現状肯定ではなかった。同じテクストのもう少し先でデリダが平然と描いてみせる「コンフロンタシオン」の未来予想図は、じつはことのほか大胆な内容だ――

たしかな情報があるわけではないが、私はこう思っている。各グループのあいだで諸々の「一切れ」がなされる、なされうる、と。

この「一切れ tranche」とは、『終わりある分析と終わりなき分析』(一九三七)においてフロイトが分析家たちに強く勧めた、五年程度ごとに一定期間受ける(受け直す)分析の「ひとかたまり」のことだ(ただし、これに当たる表現はフロイトの原典になく、仏訳者が文意を補うために挿入した「一切れ」が、おもしろいことに、フランスではこのようにひとり歩きしている)。つまりデリダは、たんに「コンフロンタシオン」のセミネールで他組織の分析家たちと向き合うだけでなく、これら他組織の分析家のもとで分析をやり直すことで、あるいは――こう言ったほうがよければ――第二、第三の分析（追加分析）を受けることで、組織の「忠義の垣根」を越えるよう、分析家たちに呼びかけているのである。これは、隣国イギリスでは、スーパーヴィジョンについてすでに一九四〇年代から実践されていたことであり（ただしイギリスの場合には、三つの学派があくまで同一組織の内部に留まっていた）、フランスにおいても、制度上はいわゆる教育分析についてさえ、一九七〇年代に一部で可能になっていたことだ。だが実際には、そもそも第二、第三の分析を試みることが一般的ではない上、もしそうした追加分析に踏み切るにしても、自分が属するのとは異なる組織の分析家のもとでそれを行うことは、多くの分析家にとってやはり想像しにくいことであるのはまちがいない。にもかかわらず、デリダがこの「一切れ転移tranche-fert」（分析的転移を他組織のうちに起こすこと、他組織に「転送」すること）を分析家たちに勧めるのは、そのようにしてひとつの組織の「外部」に「一切れ」を持ち出すことが、結局のところ精神分析そのものをその「外部」に開くこと、その「外部」と関係させることにつながるからだ。つまり、一方では、四つの組織の各々がフロイトの遺産を正当に相続するフランス唯一の制度的団体であると主張している以上、その隔壁を越境することはすでに「精神分析なるもの」の「外部なるもの」に到達することを意味しうるのであり、他方では、こうして持ち出される「一切れ」はけっしてなんらかの「全体」の一部ではなく(そのような「全体」を想定すれば、ひとつの精神分析には「終わり」があると前提することになるが、デリダにとって精神分析とは本性上「終わりなき」プロセスである)、そのかぎりにおいてなおも再定義することが可能な何かである以上、やはりそれ自体が再定義されるべき「非分析家」なるものへの「一切れ転移」がもしも生じうるなら、いいかえれば、伝統的な意味での「転移」や「分析状況」に縛られない「一切れ」の転送が許されるなら、そのことはたちまち「精神分析」という実践そのものの閉域をその広大な「外部」に向けて突破することを伴意してもおかしくはない。それゆえ——

結果は、もはやたんに精神分析界がその外部に食いこむことに留まらない。逆に、もはや内部が厳密に確定できぬ以上、外部もまたそうできない。もはや外部はないのである。

こうして、デリダによって、精神分析はその「境界」——二重の意味での、すなわち、精神分析家の諸組織を互いに隔絶すると同時に、精神分析そのものを「外部」から隔てるという意味での——の消滅へと突き動かされることになる（内と外を分かつあらゆる境界、あらゆる隔壁の打破というモチーフほど「デリダ的」と呼ぶにふさわしいモチーフがほかにあるだろうか）。そしてそれこそが、ほかならぬ「コンフロンタシオン」の、いや「コンフロンタシオン」のパートナーのひとりにデリダを招聘したマジョールのねらいであったことはいうまでもない。残念ながら、マジョールの熱意も虚しく、「コンフロンタシオン」は、一九八〇年にラカンがEFPを解散し、ラカン派が「ディアスポラ」という名の空中分解をはじめたのに煽られる形で、八三年に活動を停止する。だが、精神分析家の諸組織の垣根を打ち壊すことで、精神分析をその「外部」へ、それゆえ一般に「社会」と呼ばれるものへ開いてゆくという「コンフロンタシオン」の賭け金がそれによって消滅したわけではない。マジョールにとってデリダはいわば「コンフロンタシオン」そのものであり続け、デリダの死まで解かれることがなかったマジョール／デリダの「共謀」関係はたえず「コンフロンタシオン」の亡霊を回帰させ続けた。だからこそ、マジョールがやがて用いるようになる「psychanalyse derridienne」ということばを「デリダ派精神分析」の謂に捉えるのは誤りなのだ。もちろん、「ラカン派」が存在するのと同じ意味で「デリダ派」なるものが存在するとはいえない、という事実のゆえにではない。そうではなく、マジョールが語る「デリダ的精神分析」とは、「終わりなき脱構築」の原理を徹底的に実践するとともに、いや、徹底的に実践するからこそ、まさにいま述べたような射程をもたずにはおかない精神分析、すなわち、「内部」と「外部」を分かついかなる境界線からも自由でありうる、自由であらねばならぬ精神分析を意味するはずだからだ。たとえデリダの名のもとにであれ、精神分析が学派や派閥のような集団の閉域に囲い込まれてはならないのである。そして同じことが、やはり二〇〇〇年の「精神分析三部会」にも当てはまる。「諸組織の圧力をじゅうぶんに免れた精神分析家たち」にマジョールが呼びかけた「精神分析の現状についてのひとつの開かれた議論」の場である「精神分析三部会」が、少なくともその理念においては、一七年前に消滅した「コンフロンタシオン」の国際的拡大版であったことは一目瞭然だ。「コンフロンタシオン」のレミニサンスなしに「精神分析三部会」に臨むこと、とりわけ、デリダ／マジョールのタンデムがソルボンヌ大講堂の壇上を飾ったその三日目のプログラムに臨むことは、「コンフロンタシオン」を知る分析家たちにはほとんど不可能だったにちがいない。本書のテクストをデリダが読み上げたのは、そのような場においてだったのである。

では、その「精神分析三部会」はそもそもなぜ招集されたのだろうか。この点は、デリダによって本書のなかでも触れられている（本文二七頁以降）。一七八九年の三部会に先立って多くの「陳情書」が作成されたように、精神分析三部会に臨む分析家たちもまた抱いていた、あるいは聴きとっていたであろう――ただしその宛先は不明なままに――「陳情」を、精神分析の「内部」と想定されるものにかかわる陳情と、その「外部」と想定されるものにかかわる陳情とに分けて（もちろん、これはあくまで便宜的な区別にすぎない)、デリダが枚挙している件がそれだ。前者には、一九七〇年代にすでに「コンフロンタシオン」のモチーフとなっていたのと同じ制度および制度化の問題、つまり統一的な組織の不在もしくは機能不全と、諸組織の拡散(ラカン派のディアスポラにより、二〇〇〇年の時点ではフランスの精神分析組織はすでに二〇を越える数に膨れあがっていた)、後者には、国家当局による精神分析の不承認や領得、精神分析にたいするニーズの落ち込みや変容、精神分析の特質をおびやかすバイオロジカルな(つまり薬物療法的な)精神医学的言説の競合、目下進行中のグローバリゼーションのなかで精神分析が取り残されつつある現状、といったことがらが数えられている。この後者の諸問題は、いうまでもなく、本書のそれに先立つ箇所で(本文一六頁以降)、世界のグローバル化のプロセスが精神分析にたいして示す「抵抗」の内容として分析されたものに重なる。そこではさらに、実証主義科学や認知科学、遺伝子学の名が、スピリチュアリズム的解釈学や倫理的、法律的、政治的なものの古色蒼然たる実践と並んで、挙げられていた。それらこそが、ようするに、グローバル化時代の精神分析の「危機」をもたらすのであり、精神分析三部会に出席した多くの分析家にとって、それは「精神分析の特殊性の埋没」として意識されていたにちがいない。そしてこの危機感は、とりわけ、フランスにおいては一九九〇年代に――同じ危機の果てに精神分析がついに死滅した米国よりほぼ三〇年遅れて――社会現象となった新興心理療法勢力の台頭によって煽られていた。精神分析三部会のもう一人の立役者であり、本書でも言及されているエリザベート・ルディネスコが、三部会の席上で述べたとおり、「精神分析の危機といまや呼ばれているものは、ひとつの世界における、つまり二一世紀の世界における精神分析の特殊性の定義にかかわる危機にほかならない。その世界では、もうすでに、さまざまな心理療法の大躍進が起きている。今日確認されている心理療法の数はおよそ千にものぼるのである」。実際、精神分析三部会の終幕に、他のすべての心理療法にたいする精神分析の自律と、公的権力及び国家による規制にたいする精神分析の独立性とを唱う「精神分析の特殊性についての宣言」が採択されるという形で結晶化したこうした危機感は、フランスではその三年後、国民議会議員ベルナール・アコイエが提出した「心理療法家資格の使用にかんする法案」、すなわち、「心理療法家（サイコセラピスト）」という資格を当局が一元的に管理することを定める法案によって、現実のショックになる。この通称「アコイエ法案」において、精神分析はまさに「心理療法」のたんなる一ジャンルと無造作に位置づけられたのである。それがマジョールをはじめとする精神分析家たちの猛烈な反対運動を招いたことはいうまでもない。

ここでは、この「アコイエ問題」に立ち入ることはできない。だが、この騒動の「前夜」とも言える時期にパリで開催された「精神分析三部会」の基調に、すでにこうした危機感の共有があったことは銘記されてよい。とすれば、ひとつ素朴な問いを立てずにはいられない。精神分析が雑多な心理療法の波に呑み込まれ、現代世界のなかで立場を失いつつあるという悟《くら》い予感がたちこめていたこの「精神分析三部会」において、デリダはなぜあえて「残酷さ」を、「主権」を、そして「死の欲動」を取り上げたのだろうか。なぜフロイトの「戦争はなぜに」を忘却から甦らせねばならなかったのだろうか。もちろん、デリダ自身の当時の関心に鑑みれば、この選択はいささかも驚くに当たらない。二〇〇〇年七月といえば、「死刑」についての二年にわたるセミネール（一九九九―二〇〇一）の折り返し点であり、さらに翌年一二月からのセミネールのテーマ（「獣と主権者 La bête et le souverain」）がすでに視界に捉えられていた時期だ。加えて、こんな事情もあった。精神分析三部会の「呼びかけ」にマジョールが記しているとおり、三部会の開催が決定されたのは、「リオ問題」と呼ばれる精神分析史の一幕を検証する集会においてだった。リオデジャネイロ精神分析協会に所属する医師分析家アミルカル・ロボ・モレイラは、一九七〇年代に軍事独裁政権下で政治犯の拷問にかかわっていた。そしてその同じ時期に、彼は訓練分析を受けていた。ところが、八〇年代にこの事実を告発した女性分析家が執拗な迫害を受ける一方（この迫害には警察も荷担した）、国際精神分析協会は九五年までモレイラを処分できなかったのである。モレイラは、いわば、精神分析家のポジションが「残酷さ」と共存しうることを示す無視できぬケースだ。だが、これらの事情を仮に度外視しても、「精神分析三部会」においてデリダが「残酷さ」や「制圧欲動」に（「死の欲動」にアプリオリな概念的単一性を認めることをつねに留保するデリダは、本書のある箇所では、残酷さをもたらす「力の欲動」と「制圧欲動」とを微妙に区別しているようにみえる）、あるいは「主権」や「戦争」に、分析家たちの注意を振り向けることには、譲れない必然性があったにちがいない。というのも、もし私たちが、グローバル化する世界が精神分析に諸々の知や言説を対峙させるという差し迫った「危機」、もしくは目先の「陳情」にもかかわらず、デリダは「残酷さ」を論じた、と捉えるとしたら、そのような捉え方じたいがそもそも誤りだからだ。そうではなく、デリダにとって、精神分析が「残酷さ」や「死の欲動」について考えあぐねていること、自らに抵抗して思考停止という名の「制止」に陥っていること、そしてその間にも世界中で繰り広げられている残酷劇場を前にいかなる発言も行わないこと（いや行えないこと）、それこそが、グローバル化時代の世界で精神分析を待ち受ける窮地の根本的な理由なのである。フロイトにおいて、「残酷さGrausamkeit」の歴史は古い。一九〇五年の『性理論の三篇』にすでに「残酷さ」および「残酷欲動」についての複数の際立つ記述があり、この関心はサディズムへのコンスタントな注目のうちで保持され、「死の欲動」概念の導入に続く思索と「思弁」の深まりのなかで、『文化のなかの居心地悪さ』（一九三〇）および「戦争はなぜに」（一九三二）に再び噴出する。にもかかわらず、それ以来の「ひどく短いようでもあり、ひどく長いようでもある」歴史をつうじて、精神分析はどれほど「残酷さ」についての知を積み重ねてきただろうか。デリダが本書の講演を行うまで、この概念をキーに「死の欲動」論全体を見わたす可能性に思い及んだ分析家がいったいどれだけあっただろうか――とりわけ「精神分析三部会」に参加した分析家のうちに。「コンフロンタシオン」において、デリダがいかに精神分析の「内部」と「外部」という線引きに懐疑的であったか、私たちはすでに見た。本書では、デリダは「抵抗」という概念を軸に、精神分析がいかにその線引きに固執し、いかにそれを生み出し続けるのかを浮き彫りにしている。「精神分析への抵抗」と「自らの外部にたいすると同時に自分自身にたいする精神分析の自己免疫的抵抗」とは切り離すことができない。だからこそ、「残酷さ」や「死刑」や「戦争」といった、「そこにおいて最も特定の回答、ほんとうのことをいえば唯一の適切な回答が期待されるまさにその場所において」、精神分析が己れ自身に抵抗し、緘黙に陥るとすれば、それらの問いがなおも精神分析の「外部」に残留し続けるだけでなく、あたかもそれらの問いが吸着材になるかのように、精神分析に対峙し、楯を突き、精神分析を脅かす他の言説や知が、同じ「外部」に集積されてゆかざるをえない。精神分析の内部と外部を、それらを隔てる境界線を自ら危うくしつつ、ゆらゆらと往還し続けたデリダ以外に、いったい誰がこの苛烈な、厳しいと同時に決定的に重要な《クリティック》診断を、精神分析に突きつけることができただろう。

いや、これはたんなる診断でもなければ、たんなる批判でもない。デリダは、同時に、精神分析を強く鼓舞してもいるからだ。「還元不能な死の欲動」や「打ち負かしがたい力の欲動」がそのものとしては善悪の次元に属さないこと（その意味で倫理の彼岸であること）を強調した上で、一方では、「こうした欲動を飼いならし、先送りして、間接的に、しかし幻想を抱くことなくこれと交渉し、妥協する術を学ぶこと」を教える「フロイトの敢然と悟った、決然と醒めた、オプティミストであると同時にペシミストな政治学」を浮かび上がらせつつ、他方では、「力の欲動」の発露（攻撃性、残酷さ）を前にして、善か悪かの判断を積極的にいいかいに保留することのできる、いいかえれば「決定不能なものの中立性」に留まることのできる、精神分析の知を取りこむことによって、新たな倫理・法律・政治の枠組を創造することの必要性を強調しながら、デリダが切実に訴えるのは、世界のあらゆる地点でいまも繰り広げられている「残酷さ」のスペクタクルのなかで、「力の欲動」への顧慮を含んだフロイトの言説が「私たちの時代の新たな啓蒙」となりうる、ささやかだが力強い可能性以外の何ものでもない。その可能性をいかに受け継ぎ、未来に手渡すことができるのか。次は精神分析が答える番だ。アリバイぬきに。

ジャック・デリダ（Jacques Derrida）
1930年，アルジェリア生まれ．1984年，フランス国立社会科学高等研究院（EHESS）教授に就任．主な著書に，『グラマトロジーについて』（*De la grammatologie*, Minuit, 1967），『エクリチュールと差異』（*L'écriture et la différence*, Seuil, 1967），『声と現象』（*La voix et le phénomène*, PUF, 1967），『哲学の余白』（*Marges de la philosophie*, Minuit, 1972），『散種』（*La dissémination*, Seuil, 1972），『弔鐘』（*Glas*, Galilée, 1974），『ポストカード』（*La carte postale: de Socrate à Freud et au-delà*, Flammarion, 1980），『友愛のポリティックス』（*Politiques de l'amitié*, Galilée, 1994），『マルクスと息子たち』（*Marx & Sons*, PUF/Galilée, 2002）など．2004年没．

西宮かおり
1971年生まれ．EHESS社会学博士課程単位取得退学，東京大学大学院総合文化研究科博士課程単位取得退学．著書に，『文士料理入門』（共著，角川書店，2010年），訳書に，『ミシェル・フーコー思考集成』第3, 4, 6, 7巻（共訳，筑摩書房，1999-2000年），オスカー・ブルニフィエ『こども哲学』シリーズ（全7巻，朝日出版社，2006-07年），ジャン＝リュック・ナンシー『思考の取引 書物と書店と』（岩波書店，2014年）など．

精神分析のとまどい
——至高の残酷さの彼方の不可能なもの
ジャック・デリダ

2016年5月25日　第1刷発行

訳　者　西宮《にしみや》かおり

発行者　岡本　厚

発行所　株式会社 岩波書店
〒101-8002 東京都千代田区一ツ橋2-5-5
電話案内 03-5210-4000
http://www.iwanami.co.jp/

印刷・精興社　製本・松岳社

ISBN 978-4-00-061129-9　Printed in Japan